Sandra Kroll-Gabriel (Hg.)
Andreas Pfeifer, Siegfried Schieck

Kompetenzerwerb

Texte schreiben

Praxisband zu Methoden, Arbeitstechniken und Strategien im kompetenzorientierten Deutschunterricht

Auer Verlag

Gedruckt auf umweltbewusst gefertigtem, chlorfrei gebleichtem
und alterungsbeständigem Papier.

1. Auflage 2014
Nach den seit 2006 amtlich gültigen Regelungen der Rechtschreibung

Illustrationen: Carmen Hochmann
Satz: Typographie & Computer, Krefeld
Druck und Bindung: Kessler Druck + Medien, Bobingen
ISBN 978-3-403-**07267**-6

www.auer-verlag.de

Inhalt

Vorwort

Im Zentrum eines zeitgemäßen Unterrichts steht der Erwerb von Kompetenzen, die den Schüler befähigen, Probleme durch verfügbare beziehungsweise erlernte Fähigkeiten und Fertigkeiten zu lösen.

Statt einer vorwiegenden Konzentration auf die Inhaltsebene rückt die Könnensebene in den Vordergrund der Betrachtung. Der Unterricht wird zum aktiven Prozess, der es dem Schüler ermöglicht, sich Methoden und Strategien anzueignen, die er auf verschiedene Situationen übertragen kann.
Die Schüler erwerben die Kompetenzen kontinuierlich und selbstgesteuert, sodass sie diese nachhaltig nutzen und anwenden können.

Die Gestaltung eines kompetenzorientierten Unterrichts sowie passender Lernaufgaben erfordert daher eine Berücksichtigung verschiedener Kriterien, die nicht für sich alleine, sondern miteinander verzahnt betrachtet werden müssen:

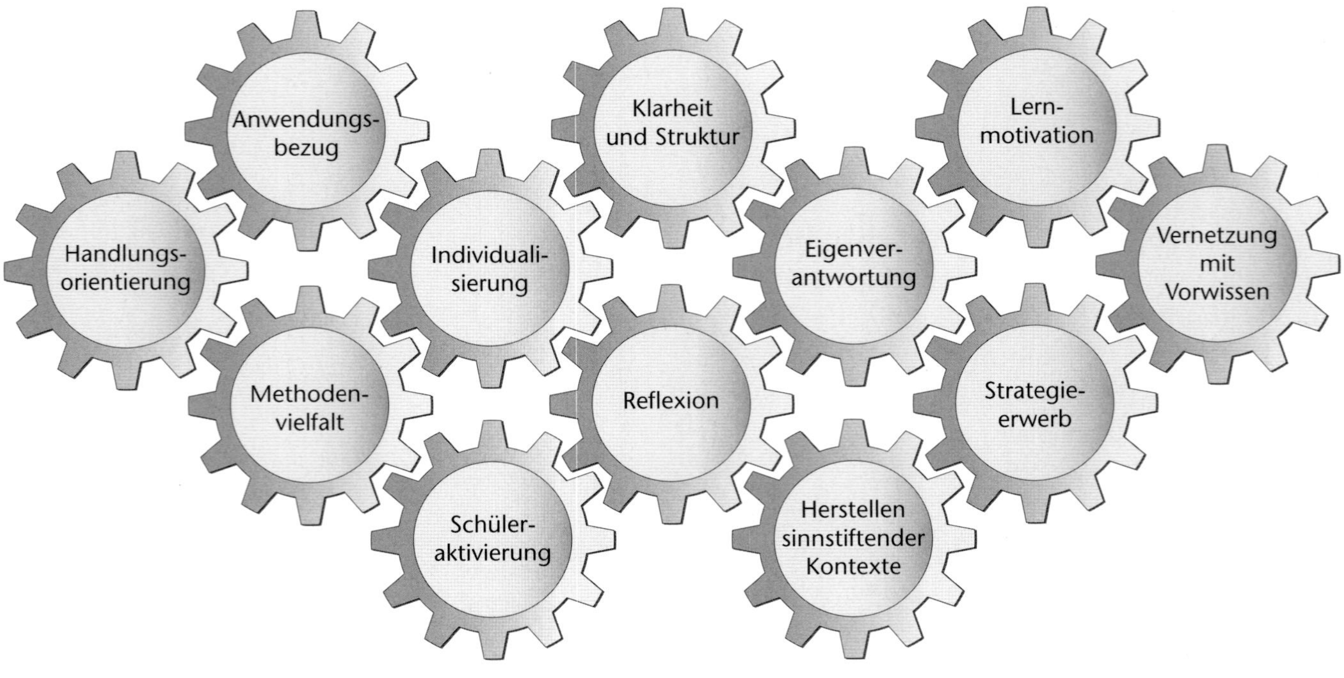

Die Bände der Reihe „Kompetenzerwerb" unterstützen Sie bei der Umsetzung eines kompetenzorientierten Unterrichts. Sie bieten Ihnen zweifach differenziertes Material, mit dem die Schüler aktiv und selbstständig Kompetenzen erwerben, die sie in den vielfältigen Anforderungen des Unterrichts und der Lebenswelt anwenden und nutzen können.

Sie können die Kartei im Rahmen der Wochenplanarbeit oder Freiarbeit einsetzen. Außerdem können die Übungen als Stationentraining oder Lernzirkel verwendet werden.

Viel Freude mit den Materialien

Sandra Kroll-Gabriel

Praxis des kompetenzorientierten Unterrichts

Schüler:

- arbeitet selbstständig
- entdeckt Wissen
- erwirbt Kompetenzen
- kommuniziert mit anderen, arbeitet im Team
- übernimmt Verantwortung für den eigenen Lernprozess
- reflektiert den eigenen Lernfortschritt

Einstiegsphase:

- klare **Zielformulierung**
- Abruf und Wiederholung der Lernvoraussetzungen durch **Fertigkeitsübungen**

Hauptphase:

- **selbstständige Bearbeitung** verschiedener **Aufgaben und Problemstellungen**
- **Raum für eigene Lernwege** und zusätzliche Lernschritte
- Anwendung von **Methoden und Strategien**
- **Erwerb von Kompetenzen**, die auf weitere Situationen übertragen werden können
- Möglichkeit zum individuellen Lernen durch **Differenzierungsangebote**

Abschlussphase:

- **Reflexion** der angewandten Strategie (vgl. Strategiepass S. 96)
- **Anwendung** der Teilkompetenzen
- Planung der weiteren Lernschritte und **Vernetzung des Wissens**

Lehrer:

- organisiert und moderiert die Lernumgebung
- schafft Platz für selbstständiges Lernen
- stellt das Leistungsniveau fest und hilft bei der Übungsauswahl
- beobachtet den Lernfortschritt
- begleitet und unterstützt die Schüler

→ Die vorliegenden Materialien werden in der Hauptphase des Unterrichts selbstständig durch die Schüler bearbeitet.

Aufbau der Materialien

Methode
Die einzelnen Methoden können isoliert oder als Lehrgang durchgeführt werden. Mit ihrer Hilfe werden schrittweise die einzelnen Kompetenzbausteine trainiert.

Kompetenzerwartungen
Die Entwicklung der hier genannten Teilkompetenzen wird durch die jeweilige Aufgabe gefördert.

Differenzierung
Zu jeder Methode werden zwei Kopiervorlagen (KV) mit unterschiedlichem Schwierigkeitsgrad angeboten.

Karteikarte
Zu jeder Aufgabe gibt es eine Karteikarte (K) mit der Aufgabenstellung für die Hand der Schüler.

Sozialform
Aufgaben für Partner- oder Gruppenarbeit sind mit einem entsprechenden Symbol gekennzeichnet.

Aufgabe
Die Aufgabe wird Schritt für Schritt erklärt.

Strategie
Biber Poldi begleitet die Schüler auf ihrem Weg und hilft mit vielen Strategien und Tipps.

Kompetenzanwendung
Durch die vertiefende Anwendungsaufgabe am Ende jeder Karteikarte festigt sich die Methode und steht nachhaltig zur Verfügung.

1. Methode: Auf unterschiedlichen Lineaturen schreiben

Kompetenzerwartungen:
- in einer gut lesbaren und flüssigen Handschrift schreiben
- auf unterschiedlichen Lineaturen schreiben
- ohne Lineatur schreiben und Unterschiede erkennen

Material:
- K1
- KV1
- weißes Papier

Vorbereitung und Einsatz:
- Kopieren und laminieren Sie die K1.
- Kopieren Sie die KV1 im Klassensatz[2].
- Die Schüler schreiben die Textteile in die schräge Lineatur sowie ohne Lineatur. Sie vergleichen ihre Ergebnisse mit ihrem Partner.

K1 Auf unterschiedlichen Lineaturen schreiben

Die Lineatur hilft dir, ordentlich zu schreiben.

Aufgabe:

1. Schreibe die Schlagzeilen der Biberzeitung ordentlich in die Zeilen.
2. Schreibe die Sätze ohne Zeilen in das Feld.
3. Kontrolliere zusammen mit deinem Partner mit einem Lineal, wie gerade ihr geschrieben habt.
4. Welche Unterschiede seht ihr beim Schreiben mit und ohne Zeilen?

Denke dir eigene Sätze aus und schreibe sie auf ein weißes Blatt Papier.

[2] Viele der Kopiervorlagen dieses Bandes gibt es in zwei Schwierigkeitsgraden. Entscheiden Sie, wie viele Kopien jeder Version Sie benötigen.

1. Methode: Auf unterschiedlichen Lineaturen schreiben

Kompetenzerwartungen:

- in einer gut lesbaren und flüssigen Handschrift schreiben
- auf unterschiedlichen Lineaturen schreiben
- ohne Lineatur schreiben und Unterschiede erkennen

Material:

- K1
- KV1
- weißes Papier

Vorbereitung und Einsatz:

- Kopieren und laminieren Sie die K1.
- Kopieren Sie die KV1 im Klassensatz[2].
- Die Schüler schreiben die Textteile in die schräge Lineatur sowie ohne Lineatur. Sie vergleichen ihre Ergebnisse mit ihrem Partner.

K1 Auf unterschiedlichen Lineaturen schreiben

Aufgabe:

1. Schreibe die Schlagzeilen der Biberzeitung ordentlich in die Zeilen.
2. Schreibe die Sätze ohne Zeilen in das Feld.
3. Kontrolliere zusammen mit deinem Partner mit einem Lineal, wie gerade ihr geschrieben habt.
4. Welche Unterschiede seht ihr beim Schreiben mit und ohne Zeilen?

Denke dir eigene Sätze aus und schreibe sie auf ein weißes Blatt Papier.

[2] Viele der Kopiervorlagen dieses Bandes gibt es in zwei Schwierigkeitsgraden. Entscheiden Sie, wie viele Kopien jeder Version Sie benötigen.

KV1 Auf unterschiedlichen Lineaturen schreiben

Holen Sie sich die Zeitung Biberpost!

Jeder quatscht vom Dauertauchen, doch Paul macht es wirklich!

So bauen wir den Staudamm des Jahres!

Schlagzeile: Im Winter braucht man ein dickes Fell!

Bibersport: Biber Paul gewinnt Tauchwettkampf!

KV1 Auf unterschiedlichen Lineaturen schreiben

Holen Sie sich die Zeitung Biberpost!

Jeder quatscht vom Dauertauchen, doch Paul macht es wirklich!

So bauen wir den Staudamm des Jahres!

Schlagzeile: Im Winter braucht man ein dickes Fell!

Bibersport: Biber Paul gewinnt Tauchwettkampf!

2. Methode: Verschiedene Schriftarten nutzen

Kompetenzerwartungen:

- Schrift dem Schreibzweck anpassen
- Texte zweckmäßig, übersichtlich und ansprechend gestalten

Material:

- K2
- KV2
- weißes Papier
- Computer (wenn möglich)

Vorbereitung und Einsatz:

- Kopieren und laminieren Sie die K2.
- Kopieren Sie die KV2 im Klassensatz.
- Die Schüler erproben verschiedene Schriftarten und setzen diese zweckmäßig ein.
- Die Vorlage der verschiedenen Schriftarten kann zur Gestaltung von Texten als Hilfestellung verwendet werden.
- Der Einsatz verschiedener Schriftarten kann auch besonders gut mit dem Computer erprobt und umgesetzt werden.

K2 Verschiedene Schriftarten nutzen

Aufgabe:

1. Lies den Satz und markiere Wörter, die besonders wichtig sind.
2. Schreibe deinen Namen in der besonderen Schriftart auf ein weißes Blatt Papier.
3. Schreibe den Satz ab und hebe die wichtigen Stellen mit der besonderen Schriftart hervor. Du kannst auch verschiedene Farben verwenden.

Schreibe eine Einladung zu einer Klassenfeier in verschiedenen Schriftarten und Farben. Wenn du einen Computer hast, kannst du auch dort verschiedene Schriftarten ausprobieren.

KV2 Verschiedene Schriftarten nutzen

Am Morgen ist Frühstück wichtig. Es ist gesund, gibt dir Energie und schmeckt gut!

1. **Fett**
   Schreibe **wichtige Wörter fett.**

2. *Kursiv*
   Schreibe *wichtige Wörter kursiv.*

KV2 Verschiedene Schriftarten nutzen

Am Morgen ist Frühstück wichtig. Es ist gesund, gibt dir Energie und schmeckt gut!

1. **Fett**
   Schreibe **wichtige Wörter fett.**

2. *Kursiv*
   Schreibe *wichtige Wörter kursiv.*

3. Kontur
   Schreibe wichtige Wörter in Kontur.

3. Methode: Schreibwerkzeuge auswählen und nutzen

Kompetenzerwartungen:

- zweckmäßige Schreibwerkzeuge auswählen und einsetzen
- Texte in einer zum Inhalt passenden äußeren Form verfassen

Material:

- K3
- KV3 Aufgaben
- KV3 Formvorlagen
- Füller, Bleistifte, Filzstifte, Computer (wenn möglich), weißes Papier in verschiedenen Größen

Vorbereitung und Einsatz:

- Kopieren und laminieren Sie die K3.
- Kopieren Sie die KV3 Aufgaben und KV3 Formvorlagen im Klassensatz.
- Die Schüler überlegen, welche Schreibgeräte sich für welche Textformen eignen, und setzen ihre Überlegungen praktisch um. Sie vergleichen ihre Ergebnisse mit dem Partner.
- Die Vorlagen für Brief, Gedicht, Liste und Einladungsplakat von KV3 Formvorlagen können Sie – jeweils vergrößert auf DIN A3 – als Merkhilfe im Klassenzimmer aufhängen.

K3 Schreibwerkzeuge auswählen und nutzen

Aufgabe:

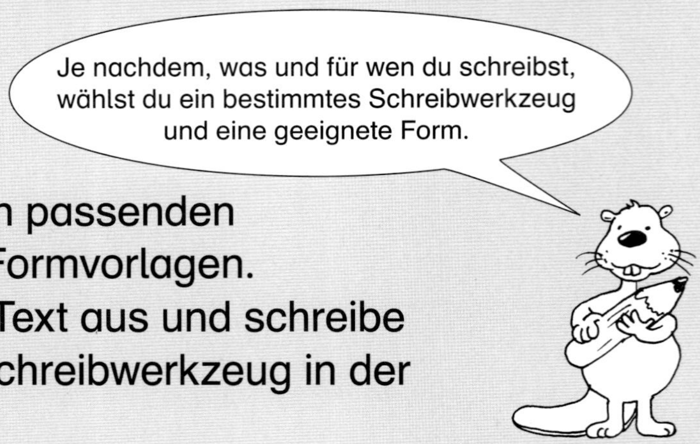

1. Verbinde die Texte mit den passenden Schreibwerkzeugen und Formvorlagen.
2. Wähle mindestens einen Text aus und schreibe ihn mit dem passenden Schreibwerkzeug in der richtigen Form.
   Die Formvorlagen helfen dir dabei.
3. Vergleiche deine Ergebnisse mit deinem Partner.

Schreibe eigene Texte. Wähle dafür das passende Schreibwerkzeug und achte auf eine übersichtliche Form.

KV3 Schreibwerkzeuge auswählen und nutzen (Aufgaben)

	19. Mai Sehr geehrte Direktorin, ich schreibe Ihnen im Namen der Klasse 3b. Wegen unserer stets guten Mitarbeit möchte ich Sie um einen Hausaufgabengutschein bitten. Mit freundlichen Grüßen Ihr Max	**Liste** 
	Ein schönes Heft, so ist die Regel, ist wie die Sonne nach langem Nebel. Es strahlt und leuchtet vor Sauberkeit, und ist für Betrachter eine wahre Freud'.	**Brief** 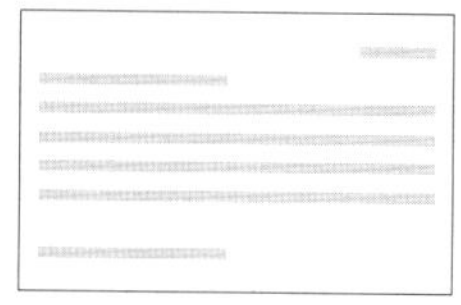
	6 Eier, 4 Brötchen, 1 Salat, 6 Tomaten, 250g Käse, 100g Wurst, 1 Kasten Wasser	**Gedicht** 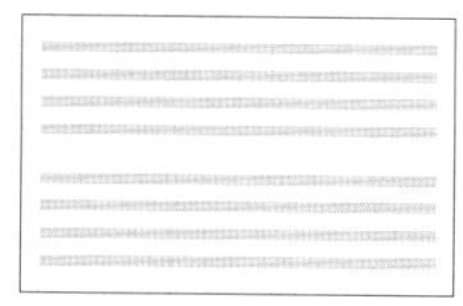

KV3 Schreibwerkzeuge auswählen und nutzen (Aufgaben)

	19. Mai Sehr geehrte Direktorin, ich schreibe Ihnen im Namen der Klasse 3b. Wegen unserer stets guten Mitarbeit möchte ich Sie um einen Hausaufgabengutschein bitten. Mit freundlichen Grüßen Ihr Max	**Liste** 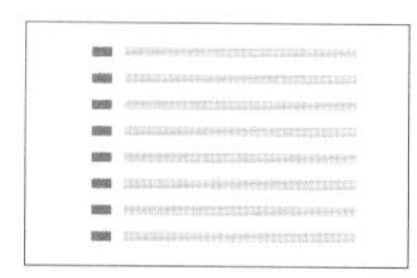
	Ein schönes Heft, so ist die Regel, ist wie die Sonne nach langem Nebel. Es strahlt und leuchtet vor Sauberkeit, und ist für Betrachter eine wahre Freud'.	**Brief** 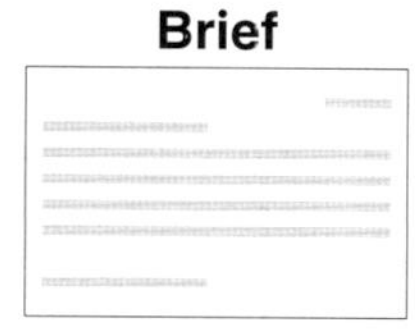
	6 Eier, 4 Brötchen, 1 Salat, 6 Tomaten, 250g Käse, 100g Wurst, 1 Kasten Wasser	**Einladungsplakat** 
	Klassenparty! Am kommenden Donnerstag findet in der Schiller-Schule eine Tanzparty statt. Ab 16 Uhr gibt es eine Kinderdisco. Wir freuen uns auf Dich!	**Gedicht** 

KV3 Schreibwerkzeuge auswählen und nutzen (Formvorlagen)

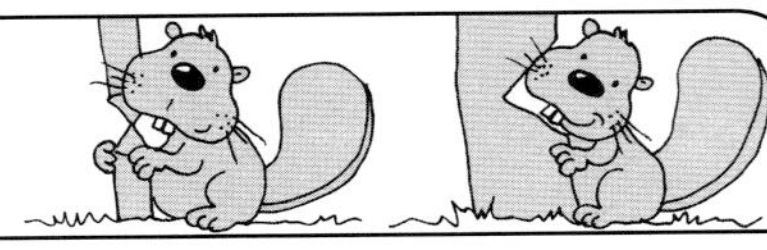

Brief

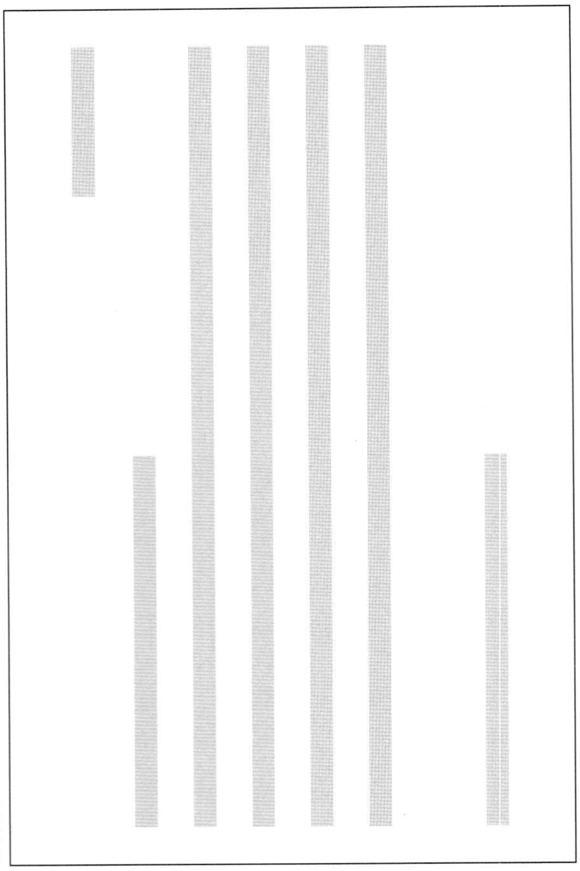

Gedicht

Liste

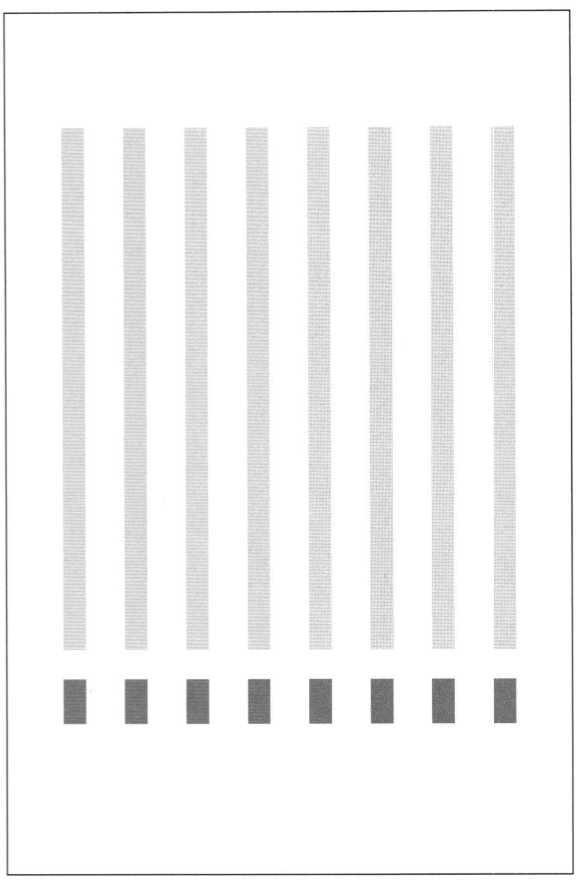

Einladungsplakat

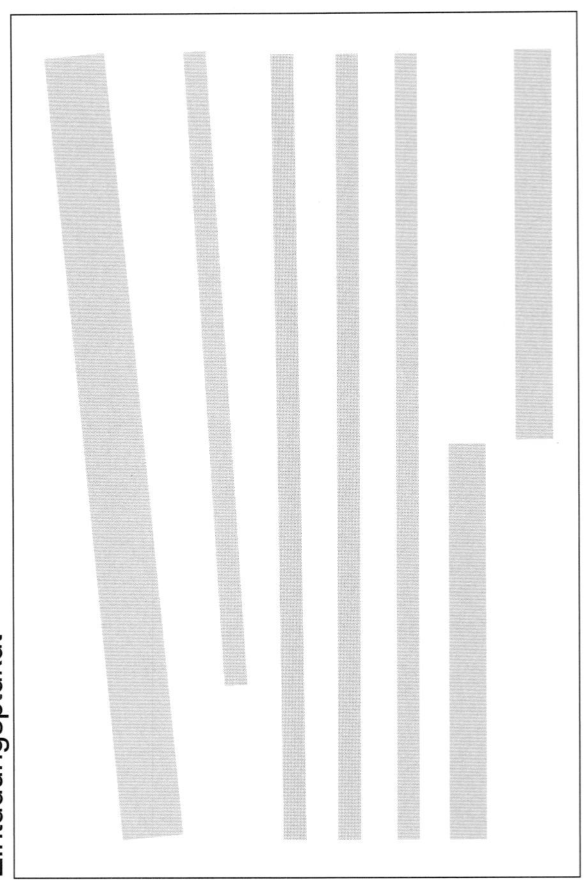

4. Methode: Schrift-Check

Kompetenzerwartungen:

- mit einer gut lesbaren, gleichmäßigen und individuellen Handschrift schreiben
- Hilfen zur Selbstkontrolle nutzen

Material:

- K4
- KV4 Übungssätze
- KV4 Schrift-Check
- KV4 Tipps
- Stoppuhren

Vorbereitung und Einsatz:

- Kopieren und laminieren Sie die K4.
- Kopieren Sie die KV4 Übungssätze, die KV4 Schrift-Check und die KV4 Tipps[2] im Klassensatz.
- Besprechen Sie den Schrift-Check vor dem ersten Gebrauch mit Ihren Schülern.
- Die Schüler scheiben zunächst die Übungssätze, die auf eine Vielzahl von Zeichenkombinationen und ausgewogene Ober- und Unterlängen ausgelegt sind. Sie kontrollieren die Sätze mithilfe des Schrift-Checks und tragen die Ergebnisse ein. Davon ausgehend formulieren die Schüler ein individuelles Ziel, das sie bis zur nächsten Überprüfung erreichen wollen.
- Der Schrift-Check kann regelmäßig beim Verfassen eigener Texte zur Selbstreflexion genutzt werden.

K4 Schrift-Check

Aufgabe:

1. Schreibe die Übungssätze fehlerfrei ab. Stoppe die Zeit.
2. Kontrolliere die Übungssätze und fülle den Schrift-Check aus:

= Das ist mir sehr gut gelungen.
= Daran muss ich unbedingt arbeiten.

3. Überlege dir ein Ziel und halte es auf dem Schrift-Check fest.

Nutze den Schrift-Check, um deine eigenen Texte zu kontrollieren.

2 Manche Kopiervorlagen dieses Bandes gibt es nur im leichteren Schwierigkeitsgrad. Dabei handelt es sich um zusätzliche Tipps, die den Schülern bei Bedarf gegeben werden können oder die sie sich entsprechend selbst nehmen.

KV4 Schrift-Check (Übungssätze)

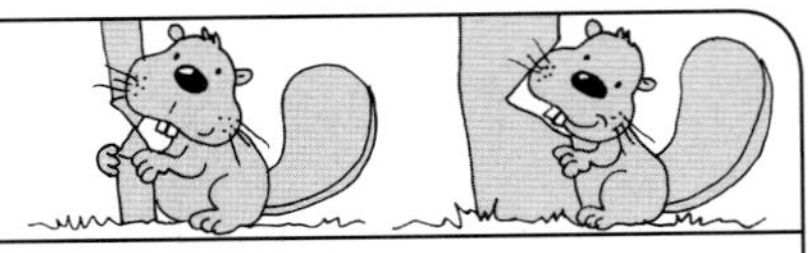

Eine schöne Schrift ist wichtig!

Denn jeder auf der ganzen Welt soll verstehen, was geschrieben steht.

Man sagt, dass die eigene Handschrift die Visitenkarte des Schreibers ist.

KV4 Schrift-Check (Schrift-Check)

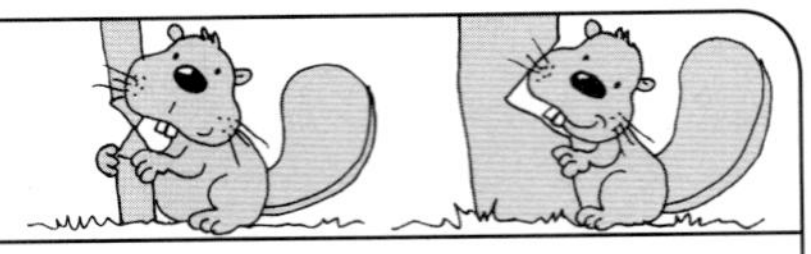

Mein Schrift-Check

So lange habe ich zum Schreiben gebraucht: ______ Sekunden/Minuten

So bewerte ich meine Schrift:

Ich kann alle Wörter lesen.

Die Buchstaben sind gleichmäßig.

Ich habe ordentlich in die Zeilen geschrieben.

Zwischen den Wörtern ist ein passender Abstand.

Ich habe nicht zu fest aufgedrückt.

Ich habe ______ Biberpunkte.

Das möchte ich an meiner Schrift verbessern:

____

____

KV4 Schrift-Check (Tipps)

- Kannst du alle Wörter **gut lesen**?
- Sind deine **Buchstaben gleichmäßig**?
- Hast du ordentlich in die **Zeilen** geschrieben?
- Hast du einen **passenden Abstand** zwischen deinen Wörtern gewählt?
- Hast du beim Schreiben **nicht zu fest aufgedrückt**?

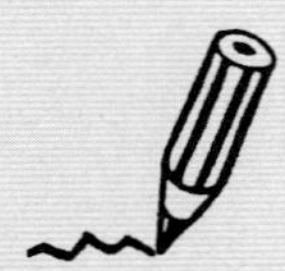

5. Methode: Hefte-Check

Kompetenzerwartungen:

- mit einer gut lesbaren, gleichmäßigen und individuellen Handschrift schreiben
- Texte und Einträge zweckmäßig, übersichtlich und ansprechend gestalten
- Hilfen zur Selbstkontrolle nutzen

Material:

- K5
- KV5 Hefte-Check
- KV5 Tipps

Vorbereitung und Einsatz:

- Kopieren und laminieren Sie die K5.
- Kopieren Sie die KV5 Hefte-Check und die KV5 Tipps im Klassensatz.
- Besprechen Sie den Hefte-Check vor dem ersten Gebrauch mit Ihren Schülern.
- Die Schüler kontrollieren das eigene Heft mithilfe des Hefte-Checks und tragen die Ergebnisse ein. Davon ausgehend formulieren die Schüler ein individuelles Ziel, das sie bis zur nächsten Überprüfung erreichen wollen.
- Der Hefte-Check kann regelmäßig zur Selbstreflexion genutzt werden.

K5 Hefte-Check

Aufgabe:

1. Kontrolliere dein Heft.
2. Fülle den Hefte-Check aus und verbessere dein Heft, wenn es nötig ist.
3. Überlege dir ein Ziel und halte es auf dem Hefte-Check fest.

Tausche dein Heft mit deinem Partner. Fülle den Hefte-Check für deinen Partner aus und gib ihm Tipps, wie er sein Heft verbessern kann.

KV5 Hefte-Check (Hefte-Check)

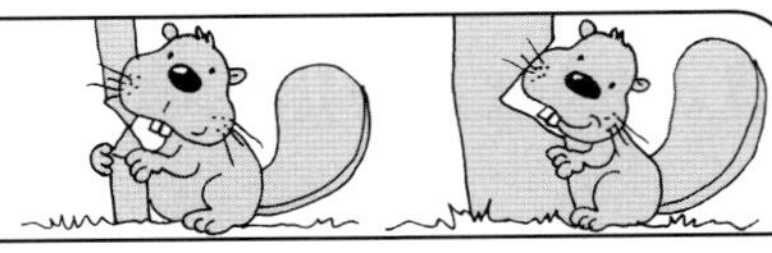

Mein Hefte-Check am ____________________

So bewerte ich mein Heft:

Die Überschriften sind mit Lineal unterstrichen.	☺	😐	☹
Über jedem Eintrag steht das Datum.	☺	😐	☹
Die Schrift ist gut lesbar und ordentlich.	☺	😐	☹
Die Zeilenabstände sind passend.	☺	😐	☹
Die Fehler sind sauber verbessert.	☺	😐	☹
Die Blätter sind eingeklebt.	☺	😐	☹
Alle Einträge sind vollständig.	☺	😐	☹
Das Heft ist sauber.	☺	😐	☹

Das möchte ich an meinem Heft verbessern:

____

____

KV5 Hefte-Check (Tipps)

Darauf musst du bei deinem Heft achten:

- Unterstreiche deine Überschriften **mit Lineal**.
- Schreibe über jeden Eintrag **das Datum**.
- Schreibe **gut lesbar** und **ordentlich**.
- Mache passende **Zeilenabstände**.
- **Verbessere** Fehler **sauber**.
- **Klebe** alle Blätter **ein**.
- Achte auf **vollständige Einträge**.
- Achte auf ein **sauberes Heft**.

23.10.

~~Feter~~ Fehler

6. Methode: Begründungen gegenüberstellen

Kompetenzerwartungen:

- Informationen und Gründe für eine Position oder Ansicht sammeln
- Argumente in einer Gegenüberstellung geordnet darstellen

Material:

- K6
- KV6 Pro-und-Kontra-Liste
- KV6 Tipps

Vorbereitung und Einsatz:

- Kopieren und laminieren Sie die K6.
- Kopieren Sie die KV6 Pro-und-Kontra-Liste und die KV6 Tipps im Klassensatz.
- Die Schüler sammeln Argumente für und gegen ein Thema, gewichten diese und kommen so zu einer Entscheidung. Im Austausch mit ihrem Partner überprüfen sie ihre Entscheidung.
- Diese Methode kann mit der 24. Methode „Argumente formulieren“ (S. 66 ff.) verknüpft und weitergeführt werden.

K6 Begründungen gegenüberstellen

Aufgabe:

1. Überlegt euch ein Thema, zum Beispiel „Ein eigenes Haustier“.
2. Jeder von euch notiert in seiner Pro-und-Kontra-Liste Gründe für und gegen das Thema.
3. Gewichtet die Gründe: Sehr wichtig: 
   Weniger wichtig:  Nicht so wichtig: 
4. Entscheidet euch für oder gegen das Thema und schreibt eure Begründung auf.
5. Tauscht euch nun aus. Bleibt ihr bei eurer Entscheidung?

Überlegt euch ein anderes Thema und erstellt dazu eine Pro-und-Kontra-Liste.

KV6 Begründungen gegenüberstellen (Pro-und-Kontra-Liste)

Meine Pro-und-Kontra-Liste

Thema: ______________________________

Für:	Gewichtung	**Gegen:**	Gewichtung
• ____________		• ____________	
• ____________		• ____________	
• ____________		• ____________	
• ____________		• ____________	
• ____________		• ____________	
• ____________		• ____________	
• ____________		• ____________	

Meine Entscheidung:

Ich entscheide mich dafür/dagegen, weil

____

____

KV6 Begründungen gegenüberstellen (Tipps)

Hier wurden zum Thema „Ein eigenes Haustier" bereits einige Ideen gesammelt. Du kannst sie für deine Pro-und-Kontra-Liste verwenden.

Zeit – Spielkamerad – Urlaub – Krankheit – Tod – Verantwortung
Kosten – Bewegung – Pflege – Futter – Mietwohnung – Größe des Hauses
Garten – Eltern – Geschwister – Allergie

7. Methode: Ideen sammeln und darstellen

Kompetenzerwartungen:

- Ideen sammeln und auf unterschiedliche Arten darstellen
- unterschiedliche Darstellungsformen nutzen

Material:

- K7
- KV7 Cluster
- KV7 Tipps

Vorbereitung und Einsatz:

- Kopieren und laminieren Sie die K7.
- Kopieren Sie die KV7 Cluster und die KV7 Tipps im Klassensatz.
- Die Schüler sammeln Ideen in Form eines Clusters. Sie ordnen zusammengehörige Ideen einander zu und legen fest, welche Punkte sie zum Schreiben verwenden möchten.
- Diese Methode bietet sich grundsätzlich zum Sammeln von Ideen an. Sie kann auch in der Gruppe oder mit der ganzen Klasse genutzt und reflektiert werden.

K7 Ideen sammeln und darstellen

Aufgabe:

1. Stelle dir vor, du sollst eine spannende Geschichte zum Thema „Im Abenteuerpark" schreiben.
2. Erstelle ein Cluster zu diesem Thema. Gehe so vor:
   - Schreibe das Thema in die Mitte des Blattes und kreise es ein.
   - Schreibe deine Ideen als Stichworte darum herum.
   - Kreise die Stichworte, die gut zusammenpassen, in der gleichen Farbe ein.
   - Markiere die Stichworte, die du zum Schreiben nutzen möchtest.

Überlege dir ein eigenes Thema und erstelle dazu ein Cluster.

KV7 Ideen sammeln und darstellen (Cluster)

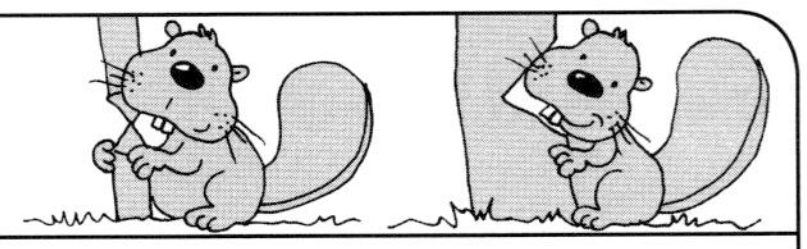

KV7 Ideen sammeln und darstellen (Tipps)

Hier sind ein paar Ideen, die du für deine spannende Geschichte zum Thema „Im Abenteuerpark“ verwenden kannst:

Achterbahn – Angst – Geisterbahn – Schuhe verloren
Vogel klaut Pommes – Stau auf der Autobahn – Familie
lange Schlange – Mut – Piratenshow

8. Methode: Informationen ordnen

Kompetenzerwartungen:

- verschiedene zusammengehörige Informationen aus Bildern und Texten entnehmen und einander zuordnen
- Informationen in tabellarischer Form darstellen
- mögliche Schlussfolgerungen anhand verschiedener Informationen ziehen

Material:

- K8
- KV8

Vorbereitung und Einsatz:

- Kopieren und laminieren Sie die K8.
- Kopieren Sie die KV8 im Klassensatz.
- Die Schüler ordnen Ortsbeschreibungen, Fortbewegungsmittel und Aussagen den Personen auf einem Bild zu. Sie tragen diese Informationen in eine Tabelle ein und ziehen daraus zusammen mit einem Partner mögliche Schlussfolgerungen.
- In der Anwendung nutzen die Schüler die Informationen aus der Tabelle, um einen Bericht zu schreiben.

K8 Informationen ordnen

Aufgabe:

1. Sieh dir das Bild an, das vor dem Unfall gemacht wurde.
2. Lies die Informationen in den Kästchen.
3. Male die Personen im Bild in der gleichen Farbe an wie die zu ihnen gehörenden Kästchen.
4. Trage die Informationen in der Tabelle ein.
5. Was könnte passiert sein, nachdem das Bild gemacht wurde? Tausche dich mit deinem Partner aus. Begründet mithilfe der Tabelle.

Schreibt einen Bericht über den Unfall. Berichtet aus Ingos Sicht. So könnt ihr beginnen:
Frau Kirsche kam mit dem Fahrrad aus der Spielstraße.

KV8 Informationen ordnen

Ingo beobachtete den Unfall von der Ampel aus.

Frau Kirsche kam aus der Spielstraße.

Markus fuhr hinter Frau Kirsche.

Herr Beier fuhr auf der Hauptstraße.

Tretroller

Lastwagen

Inlineskates

Fahrrad

„Ich konnte mein Fahrrad nicht mehr bremsen.“

„Ich habe alles gesehen. Ich war direkt hinter der Dame.“

„Aus dem Fahrerhaus war nichts zu sehen.“

„Ich wartete auf Grün, als der Unfall geschah.“

Person	Ortsbeschreibung	Fortbewegungsmittel	Aussage
Herr Beier			
Frau Kirsche			
Markus			
Ingo			

KV8 Informationen ordnen

Ingo beobachtete den Unfall von der Ampel aus.

Frau Kirsche kam aus der Spielstraße.

Markus fuhr hinter Frau Kirsche.

Herr Beier fuhr auf der Hauptstraße.

„Ich konnte mein Fahrrad nicht mehr bremsen."

„Ich habe alles gesehen. Ich war direkt hinter der Dame."

„Aus dem Fahrerhaus war nichts zu sehen."

„Ich wartete auf Grün, als der Unfall geschah."

Person	Ortsbeschreibung	Fortbewegungs-mittel	Aussage

9. Methode: Textarten unterscheiden

Kompetenzerwartungen:

- Textarten anhand sprachlicher und inhaltlicher Merkmale unterscheiden
- Sprache und Wortwahl der Textart angemessen einsetzen

Material:

- K9
- KV9 Text
- KV9 Nachrichtenstreifen
- KV9 Tipps

Vorbereitung und Einsatz:

- Kopieren und laminieren Sie die K9.
- Kopieren Sie die KV9 Text (vergrößert auf DIN A3), die KV9 Nachrichtenstreifen und die KV9 Tipps im Klassensatz.
- Die Schüler unterstreichen im Text erzählende und berichtende Textteile. Sie markieren die Merkmale der beiden Textarten in der passenden Farbe.
- In der Anwendung setzen die Schüler die Merkmale selbst ein, indem sie zu Reizwörtern (Nachrichtenstreifen) je einen erzählenden und einen berichtenden Satz formulieren und von ihrem Partner zuordnen lassen.

K9 Textarten unterscheiden

Aufgabe:

1. Im Text wurden Erzählung und Bericht vermischt. Lies den Text.
2. Unterstreiche erzählende Textteile orange und berichtende Textteile blau.
3. Woran erkennst du, ob ein Text eine Erzählung oder ein Bericht ist? Male die Merkmale in der passenden Farbe an.

Nimm dir einen Nachrichtenstreifen.
Schreibe dazu einen erzählenden und einen berichtenden Satz.
Kann dein Partner die beiden Textarten unterscheiden?

KV9 Textarten unterscheiden (Text)

Fröhlich gingen Anton und Felix am Freitag, den 13. Juni 2014, von der Schule nach Hause.

Es war genau 12.30 Uhr, als sie an der Kreuzung Ringstraße/Stadtweg ankamen.

Plötzlich rief Felix: „Pass auf, der fährt ja wie verrückt!“

Ein gelber Sportwagen kam mit überhöhter Geschwindigkeit auf die Kreuzung zugefahren und fuhr bei Rot über die Ampel.

Beide erschraken furchtbar, als sie sahen, dass von der anderen Seite ein Kleinlaster kam und auch in die Kreuzung fuhr.

Dieser konnte nicht mehr bremsen und es kam zu einem Zusammenstoß.

Das war ein schrecklicher Knall.

Anton stotterte: „So etwas habe ich noch nie erlebt.“

Kurz darauf stiegen beide Fahrer aus.

Der Fahrer des Sportwagens war leicht am Arm verletzt, der Fahrer des Kleinlasters kam mit dem Schrecken davon.

Ein Passant schimpfte: „Weil die auch immer so rasen müssen! Na, das wird ganz schön teuer!“

Die Polizei kam und notierte, wie es zu dem Unfall kam und welche Folgen er hatte.

Der Schaden an beiden Autos beträgt etwa 20 000 €.

Datum und Uhrzeit | Wörtliche Reden | Gedanken und Gefühle | Meinungen

Ortsangaben | Vermutungen | Sachliche Beschreibungen

KV9 Textarten unterscheiden (Text)

Fröhlich gingen Anton und Felix am Freitag, den 21.Februar 2014, von der Schule nach Hause. Es war genau 12.30 Uhr, als sie an der Kreuzung Ringstraße/Stadtweg ankamen. Plötzlich rief Felix: „Pass auf, der fährt ja wie verrückt!“ Ein gelber Sportwagen kam mit überhöhter Geschwindigkeit auf die Kreuzung zugefahren und fuhr bei Rot über die Ampel. Beide erschraken furchtbar, als sie sahen, dass von der anderen Seite ein Kleinlaster kam und auch in die Kreuzung fuhr. Dieser konnte nicht mehr bremsen und es kam zu einem Zusammenstoß. Das war ein schrecklicher Knall. Anton stotterte: „So etwas habe ich noch nie erlebt.“ Kurz darauf stiegen beide Fahrer aus. Der Fahrer des Sportwagens war leicht am Arm verletzt, der Fahrer des Kleinlasters kam mit dem Schrecken davon. Ein Passant schimpfte: „Weil die auch immer so rasen müssen! Na, das wird ganz schön teuer!“ Die Polizei kam und notierte, wie es zu dem Unfall kam und welche Folgen er hatte. Der Schaden an beiden Autos beträgt etwa 20 000 €.

Datum und Uhrzeit | Wörtliche Reden | Gedanken und Gefühle | Meinungen

Ortsangaben | Vermutungen | Sachliche Beschreibungen

KV9 Textarten unterscheiden (Nachrichtenstreifen)

Diebstahl – Fahrrad – Kino – 19.00 Uhr

Eröffnung – Supermarkt – Innenstadt – Feuerwerk – Abend

Schlittschuhlauf – See – Loch im Eis – Kind – 14.00 Uhr

Schule – Feuer – Mülleimer – große Pause

Badesee – Luftmatratze – Sturm – Rettung – Mittag

Hund – Ball – Stadtpark – Kinder – 13.00 Uhr

KV9 Textarten unterscheiden (Tipps)

Merkmale der Erzählung:
- wörtliche Reden
- Gedanken und Gefühle
- Meinungen
- Vermutungen

Merkmale des Berichts:
- Datum und Uhrzeit
- Ortsangaben
- sachliche Beschreibungen

Beispiel: Unfall – 12.30 Uhr – Bahnhof – zwei Autos

Erzählung:
Gestern Mittag habe ich beim Bahnhof einen voll krassen Unfall mit mehreren Autos gesehen.

Bericht:
Am Freitag, den 13. Juni 2014, ereignete sich um 12.30 Uhr beim Bahnhof ein Unfall, in den zwei Autos verwickelt waren.

10. Methode: Einen Handlungsverlauf erkennen

Kompetenzerwartungen:

- Handlungsverläufe anhand von Textteilen erkennen
- Schlüsselwörter und Zeitangaben als Hinweise zum Handlungsverlauf bewusst gebrauchen

Material:

- K10
- KV10 Textabschnitte
- KV10 Reihenfolgewörter

Vorbereitung und Einsatz:

- Kopieren und laminieren Sie die K10.
- Kopieren Sie die KV10 Textabschnitte und die KV10 Reihenfolgewörter im Klassensatz.
- Die Schüler verbinden die Textabschnitte in der richtigen Reihenfolge. Die Zeitangaben helfen ihnen dabei. Sie sammeln anschließend „Reihenfolgewörter".
- In der Anwendung ersetzen die Schüler die Zeitangaben im Text durch passende Reihenfolgewörter.

K10 Einen Handlungsverlauf erkennen

Aufgabe:

1. Lies die Textabschnitte.
   Bringe sie in die richtige Reihenfolge
   und zeichne den „roten Faden" der Geschichte ein.
2. Überlege, welche Wörter dir dabei helfen, den „roten Faden" zu finden. Unterstreiche sie.
3. Finde „Reihenfolgewörter" und schreibe sie in einer sinnvollen Reihenfolge in die Tabelle.
4. Vergleiche und ergänze die Tabelle mit deinem Partner.

Ersetze die unterstrichenen Wörter durch passende „Reihenfolgewörter". Schreibe so die ganze Geschichte auf.

KV10 Einen Handlungsverlauf erkennen (Textabschnitte)

Ein aufregender Ausflug

Wie an jedem Sonntag standen Peter und Lisa **früh am Morgen** auf.

Zum Glück war es nur eine alte Katze. Weil es schon **fast Abend** war, liefen sie schnell zurück zum Bauernhof.

Peter und Lisa wollten **nach dem Mittagessen** etwas unternehmen. Sie brachen auf, um das Schloss zu erkunden. Sie liefen lange durch den Wald.

Nach dem Frühstück fuhren sie zu Oma und Opa, die sehr weit abgeschieden auf einem einsamen Bauernhof lebten.

Als sie **am Abend** wieder bei den Großeltern waren, berichteten sie ihnen von ihrer unheimlichen Begegnung.

Die Großeltern erzählten **bei der Begrüßung**, dass es ganz in der Nähe des Bauernhofes ein verlassenes Schloss gab.

Bis zur Abenddämmerung durchstöberten sie das Schloss. Plötzlich fanden sie sich in einem stockfinsteren Keller wieder. In einer Ecke leuchteten zwei rote Augen.

Am Nachmittag kamen sie endlich am Schloss an. Vorsichtig kletterten die Geschwister durch ein morsches Holztor.

KV10 Einen Handlungsverlauf erkennen (Reihenfolgewörter)

Meine Reihenfolgewörter

Zuletzt – Dann – Am Anfang – Danach – Bevor – Kurz darauf – Zuerst – Bald – Jetzt

Zuerst		

KV10 Einen Handlungsverlauf erkennen (Textabschnitte)

Ein aufregender Ausflug

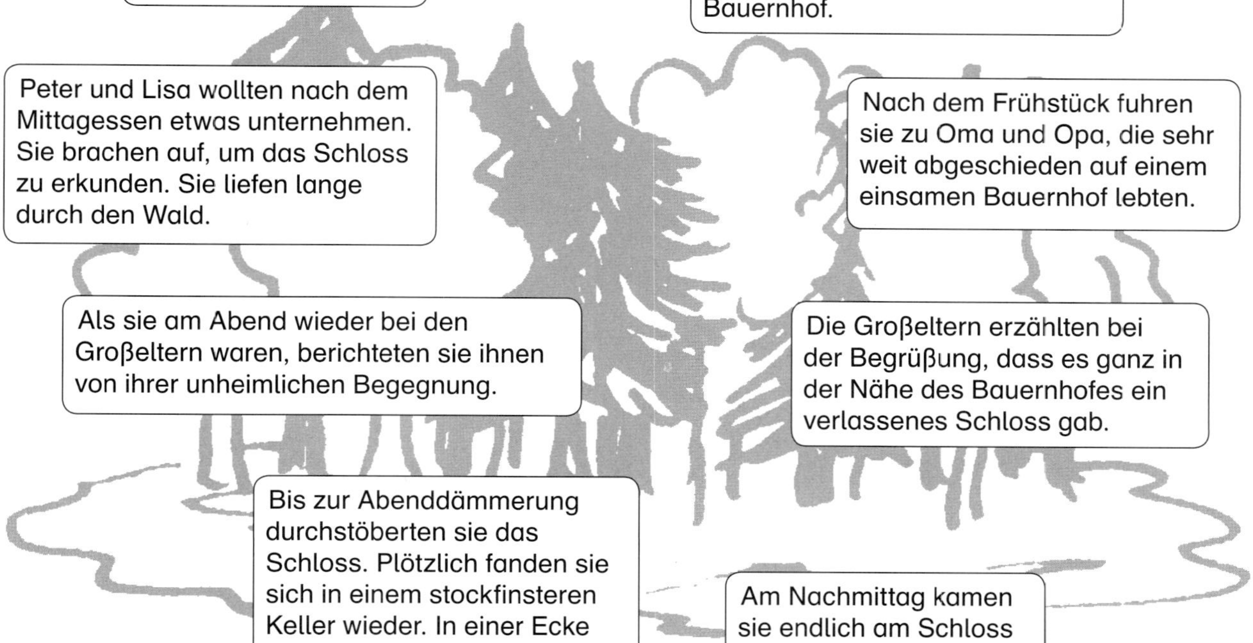

Wie an jedem Sonntag standen Peter und Lisa früh am Morgen auf.

Zum Glück war es nur eine alte Katze. Weil es schon fast Abend war, liefen sie schnell zurück zum Bauernhof.

Peter und Lisa wollten nach dem Mittagessen etwas unternehmen. Sie brachen auf, um das Schloss zu erkunden. Sie liefen lange durch den Wald.

Nach dem Frühstück fuhren sie zu Oma und Opa, die sehr weit abgeschieden auf einem einsamen Bauernhof lebten.

Als sie am Abend wieder bei den Großeltern waren, berichteten sie ihnen von ihrer unheimlichen Begegnung.

Die Großeltern erzählten bei der Begrüßung, dass es ganz in der Nähe des Bauernhofes ein verlassenes Schloss gab.

Bis zur Abenddämmerung durchstöberten sie das Schloss. Plötzlich fanden sie sich in einem stockfinsteren Keller wieder. In einer Ecke leuchteten zwei rote Augen.

Am Nachmittag kamen sie endlich am Schloss an. Vorsichtig kletterten die Geschwister durch ein morsches Holztor.

KV10 Einen Handlungsverlauf erkennen (Reihenfolgewörter)

Meine Reihenfolgewörter

Zuerst		

11. Methode: Einen Schreibplan erstellen

Kompetenzerwartungen:

- eigene erzählende Texte sinnvoll aufbauen
- Textteile und Inhalte eines erzählenden Textes strukturiert darstellen

Material:

- K11
- KV11 Postkarten
- KV11 Schreibplan
- KV11 Tipps

Vorbereitung und Einsatz:

- Kopieren und laminieren Sie die K11.
- Kopieren, laminieren und zerschneiden Sie die KV11 Postkarten.
- Kopieren Sie die KV11 Schreibplan und die KV11 Tipps im Klassensatz.
- Die Schüler überlegen sich mithilfe von „Postkarten" einen erzählenden Text. Sie füllen einen Schreibplan für ihren erzählenden Text aus und nutzen diesen anschließend für das mündliche Erzählen in Partnerarbeit.
- Der Schreibplan kann regelmäßig beim Planen von erzählenden Texten genutzt werden.

K11 Einen Schreibplan erstellen

Aufgabe:

1. Wähle ein Ausflugsziel auf den Postkarten aus.
2. Überlege dir, was du bei einem Ausflug dorthin erlebt haben könntest.
3. Trage deine Ideen in Stichworten auf dem Schreibplan ein.
4. Nutze deine Ideen auf dem Schreibplan und erzähle deine Geschichte deinem Partner.

Überlege dir eine weitere Erzählung und erstelle dazu einen Schreibplan.

KV11 Einen Schreibplan erstellen (Postkarten)

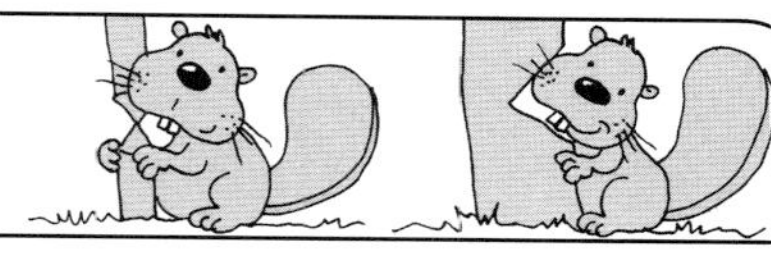

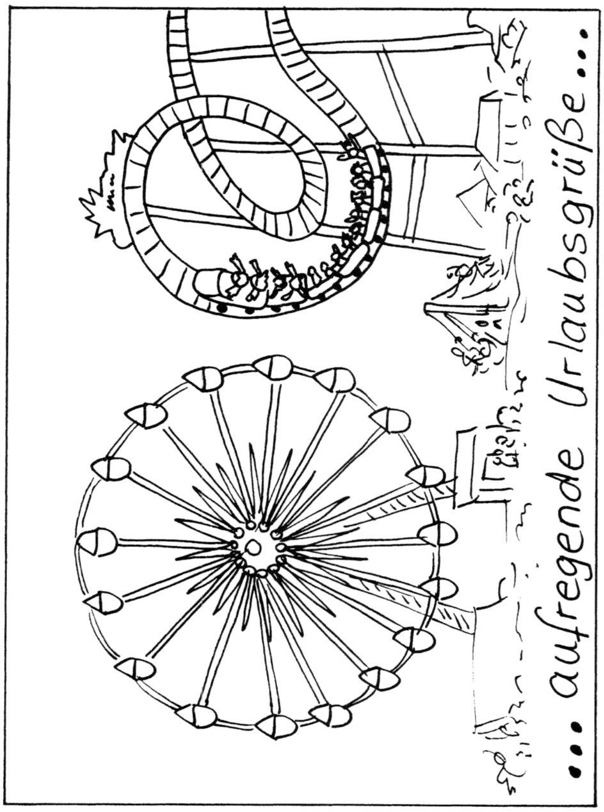

KV11 Einen Schreibplan erstellen (Schreibplan)

Titel: ______________________________

Einleitung: ______________________________

____

____

Hauptteil: ______________________________

____

____

____

____

____

Schluss: ______________________________

KV11 Einen Schreibplan erstellen (Tipps)

Eine **Erzählung** besteht immer aus drei Teilen:

1. **Einleitung**
2. **Hauptteil**
3. **Schluss**

In der **Einleitung** beantwortest du folgende Fragen: **Wer?** **Wann?** **Wo?**

Im **Hauptteil** beantwortest du folgende Fragen: **Wo genau?** **Was wird gemacht?** **Was geschieht?**

Der Hauptteil hat einen spannenden **Höhepunkt**.

Im **Schluss** kommt es zu einer **Lösung** oder zu einem **Ergebnis**.

12. Methode: Erzählende Texte aufbauen

Kompetenzerwartungen:

- erzählende Texte sinnvoll aufbauen
- auf eine reihende Darstellung sowie eine logische Anordnung der Informationen achten

Material:

- K12
- KV12

Vorbereitung und Einsatz:

- Kopieren und laminieren Sie die K12.
- Kopieren Sie die KV12 im Klassensatz.
- Die Schüler ordnen die zusammengehörenden Textteile in der richtigen Reihenfolge.

K12 Erzählende Texte aufbauen

Aufgabe:

1. Lies die einzelnen Geschichtenteile.
2. Markiere die Textteile, die zusammengehören, in der gleichen Farbe.
3. Bringe die Textteile in die richtige Reihenfolge.

Überlege dir eine eigene Erzählung mit Einleitung, Hauptteil und Schluss. Schreibe sie auf drei Blätter. Kann dein Partner sie in die richtige Reihenfolge bringen?

KV12 Erzählende Texte aufbauen

An einem schönen Sommertag wollte Maja mit ihrer Freundin einen Fahrradausflug machen.

Der Tierpfleger musste dem Affen eine Banane geben und bekam dafür seine Mütze zurück.

Beim Affenkäfig standen sehr viele Menschen und lachten und lachten.

Lukas und Tobias lachten über ihren gelungenen Streich und verrieten den Mädchen, wo ihre Räder waren.

Als sie zum Spielplatz zurückkamen, stellten sie fest, dass ihre Räder verschwunden waren.

An einem schönen Ferientag fuhren Florian und Ludwig mit ihren Eltern in den Zoo.

KV12 Erzählende Texte aufbauen

An einem schönen Sommertag wollte Maja mit ihrer Freundin einen Fahrradausflug machen.

Der Tierpfleger musste dem Affen eine Banane geben und bekam dafür seine Mütze zurück.

Alle Kinder liefen aufgeregt zur Lehrerin und erzählten, dass Laura vom Baum gefallen war.

Beim Affenkäfig standen sehr viele Menschen und lachten und lachten.

An einem schönen Frühlingstag machte die Klasse 3b einen Ausflug zum Abenteuerspielplatz.

Lukas und Tobias lachten über ihren gelungenen Streich und verrieten den Mädchen, wo ihre Räder waren.

Als sie zum Spielplatz zurückkamen, stellten sie fest, dass ihre Räder verschwunden waren.

Die Mutter kam mit dem Auto und fuhr mit ihrer Tochter zum Arzt.

An einem schönen Ferientag fuhren Florian und Ludwig mit ihren Eltern in den Zoo.

13. Methode: Wortfelder nutzen

Kompetenzerwartungen:
- verschiedene Wörtern zu einem Wortfeld finden
- Wortwahl je nach Bedeutungszusammenhang zuordnen

Material:
- K13
- KV13 sagen
- KV13 gehen
- KV13 Satzstreifen
- KV13 Tipps

Vorbereitung und Einsatz:
- Kopieren und laminieren Sie die K13.
- Kopieren Sie die KV13 sagen, die KV13 gehen und die KV13 Tipps im Klassensatz.
- Kopieren, laminieren und zerschneiden Sie die KV13 Satzstreifen.
- Die Schüler finden Wörter für die Wortfelder „sagen" und „gehen" und tragen sie in den Tabellen ein.
- In der Anwendung ersetzen die Schüler die Verben „sagen" und „gehen" auf den Satzstreifen durch treffende Verben aus den Wortfeldern.
- Die ausgefüllten Wortfeldertabellen können bei späteren Schreibprozessen von den Schülern als Schreibhilfe genutzt werden.

K13 Wortfelder nutzen

Aufgabe:

1. Finde möglichst viele Wörter zum Wortfeld und trage sie in der Tabelle ein.
2. Tausche dich mit deinem Partner aus. Hat er noch andere Wörter gefunden? Ergänzt eure Tabellen.

Nimm dir einen Satzstreifen. Ersetze das unterstrichene Wort durch ein passendes Wort aus dem Wortfeld.

KV13 Wortfelder nutzen (sagen)

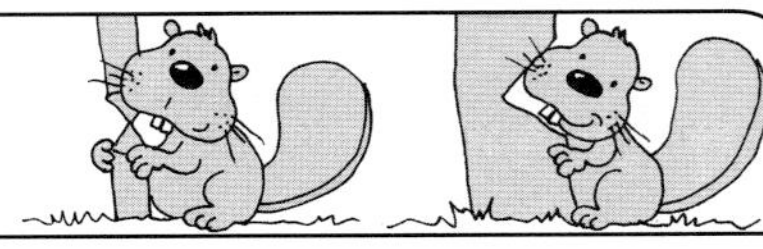

Das Wortfeld „sagen“

laut	leise	aufgeregt	deutlich	undeutlich

KV13 Wortfelder nutzen (gehen)

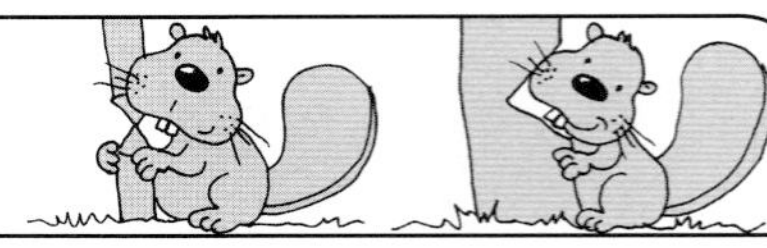

Das Wortfeld „gehen“

laut	leise	schnell	langsam

KV13 Wortfelder nutzen (Satzstreifen)

Der Vater sagt: „Pst, das Baby schläft!“

Der Lehrer sagt: „Wer weiß die Lösung?“

Der Junge sagt: „Du musst auf den grünen Knopf drücken. Dann startet das Programm.“

Die Mutter sagt: „Kannst du mir bitte beim Abspülen helfen?“

Die Oma sagt: „Du hast ein wunderschönes Bild gemalt!“

Die Dame sagt: „Hier ist ja eine fürchterliche Unordnung!“

Das Mädchen sagt: „Ich kann schon rückwärts vom Fünf-Meter-Turm springen!“

Das Kind sagt: „Ich will noch nicht aufstehen. Ich bin noch so müde.“

Der Dieb sagt: „Geben Sie mir sofort das ganze Bargeld!“

Das Mutter sagt: „Ich bin wirklich sprachlos!“

Der Dieb geht ins Haus.

Der Torwart geht an die Eckfahne.

Die Bergsteiger gehen auf den Berg.

Die Familie geht im Wald.

Der Sanitäter geht zum Verletzten.

Die Kinder gehen auf den Schulhof.

Das Kind geht mit Krücken.

Der Hase geht im Garten.

Die Ente geht zum Teich.

Der Regenwurm geht aus der Erde.

Das Pferd geht über die Wiese.

Der Elefant geht durch die Savanne.

KV13 Wortfelder nutzen (Tipps)

Hier sind Wörter für die Wortfelder „sagen“ und „gehen“:

sagen

flüstern – antworten – erklären – beschreiben – loben – bitten – schimpfen
befehlen – brummen – murmeln – stottern – schildern – schmeicheln – meinen
schreien – flehen – fordern – klagen – drohen – brüllen – andeuten
stammeln – erzählen – erwidern – angeben – meckern – nuscheln

gehen

schleichen – spazieren – springen – steigen – rennen – eilen – wandern
humpeln – verfolgen – schlendern – kriechen – hoppeln – watscheln
traben – staksen – trampeln – tapsen – hüpfen – sausen

14. Methode: Wörtliche Reden finden

Kompetenzerwartungen:

- Satzteile erkennen, die durch Redesätze ersetzt werden können
- Begleitsätze finden und variieren

Material:

- K14
- KV14

Vorbereitung und Einsatz:

- Kopieren und laminieren Sie die K14.
- Kopieren Sie die KV14 im Klassensatz.
- Die Schüler finden passende Satzteile und ersetzen diese durch einen Redesatz. Sie schreiben einen Begleitsatz dazu und nutzen dafür das Wortfeld „sagen“ (KV13 sagen).

K14 Wörtliche Reden finden

Aufgabe:

1. Unterstreiche die Satzteile, die du durch einen Redesatz ersetzen kannst.
2. Formuliere einen Redesatz.
3. Schreibe einen Begleitsatz und den Redesatz unter die Sätze. Verwende beim Begleitsatz passende Wörter aus dem Wortfeld „sagen“.

Überlege dir ein eigenes Gespräch und schreibe es mit Begleit- und Redesätzen auf.

KV14 Wörtliche Reden finden

Miriam fragt, was sie in der Pause spielen wollen.
Miriam möchte wissen: „Was wollen wir in der Pause spielen?“

Begleitsatz **Redesatz**

Linda sagt, sie könnten mit dem Springseil spielen.

Miriam fragt, wo sich das Springseil befindet.

Paul sagt, dass das Seil in der Garderobe hängt.

Osman sagt, dass das Seil verschwunden ist.

Dimitri sagt, dass er Hunger hat.

Valentin sagt, dass Osman zu leise geredet hat.

Isabell sagt, dass sie auch nichts verstanden hat.

Hakan sagt, dass er das Springseil in der Tasche hat.

Hanna sagt, dass Seilspringen keinen Spaß macht.

Der Lehrer sagt, dass die Kinder besser aufpassen müssen.

„Ich glaube, es hängt in der Garderobe.“ – „Seilspringen macht keinen Spaß.“ – „Jetzt rede doch mal lauter, Osman!“ – „Hört auf zu schwätzen und passt besser auf!“ – „Wir könnten Seilspringen.“ – „Ich habe das Springseil in meiner Tasche.“ – „Das Springseil ist verschwunden.“ – „Wo ist das Springseil denn eigentlich?“ – „Ich verstehe auch nichts, wenn ihr so flüstert.“ – „Mann, hab ich Hunger!“

KV14 Wörtliche Reden finden

Miriam fragt, was sie in der Pause spielen wollen.

____

Linda sagt, sie könnten mit dem Springseil spielen.

____

Miriam fragt, wo sich das Springseil befindet.

____

Paul sagt, dass das Seil in der Garderobe hängt.

____

Osman sagt, dass das Seil verschwunden ist.

____

Dimitri sagt, dass er Hunger hat.

____

Valentin sagt, dass Osman zu leise geredet hat.

____

Isabell sagt, dass sie auch nichts verstanden hat.

____

Hakan sagt, dass er das Springseil in der Tasche hat.

____

Hanna sagt, dass Seilspringen keinen Spaß macht.

____

Der Lehrer sagt, dass die Kinder besser aufpassen müssen.

____

15. Methode: Eine adressatenbezogene E-Mail schreiben

Kompetenzerwartungen:
- eine E-Mail schreiben
- Texte adressatenbezogen schreiben
- Adressatenbezug erkennen

Material:
- K15
- KV15 E-Mail-Formulierungen
- KV15 Formvorlage
- Computer (wenn möglich)

Vorbereitung und Einsatz:
- Kopieren und laminieren Sie die K15.
- Kopieren Sie die KV15 E-Mail-Formulierungen im Klassensatz.
- Kopieren Sie gegebenenfalls die KV15 Formvorlage im Klassensatz.
- Die Schüler ordnen E-Mail-Formulierungen verschiedenen Adressaten zu. Sie schreiben mithilfe der Formulierungen adressatenbezogene E-Mails an die beiden Empfänger. Dies kann entweder am Computer oder handschriftlich mithilfe der Formvorlage gemacht werden.

K15 Eine adressatenbezogene E-Mail schreiben

Aufgabe:

1. Du möchtest den Direktor der Biberschule und deinen Schulfreund Markus zur Klassenfeier einladen. Welche E-Mail-Adresse, Anrede, E-Mail-Beginn und Gruß gehören zusammen? Markiere sie in der gleichen Farbe.
2. Schreibe Einladungs-E-Mails an die beiden.

Schreibt eine eigene E-Mail. Achtet dabei auf die richtige Anrede und den passenden Gruß.

KV15 Eine adressatenbezogene E-Mail schreiben (E-Mail-Formulierungen)

Direktor@biberschule.de	markus@schulfreun.de
Lieber …	Sehr geehrter …
Hiermit möchten wir Sie …	Hiermit möchten wir Dich …
Liebe Grüße …	Mit freundlichen Grüßen …

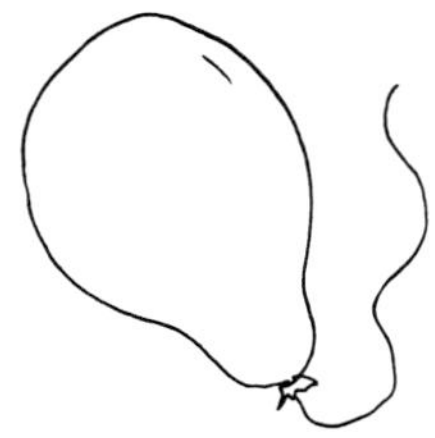

KV15 Eine adressatenbezogene E-Mail schreiben (E-Mail-Formulierungen)

Direktor@biberschule.de	Liebe Grüße …
Hiermit möchten wir Sie …	Lieber …
Hiermit möchten wir Dich …	Mit freundlichen Grüßen …
Sehr geehrter …	markus@schulfreun.de

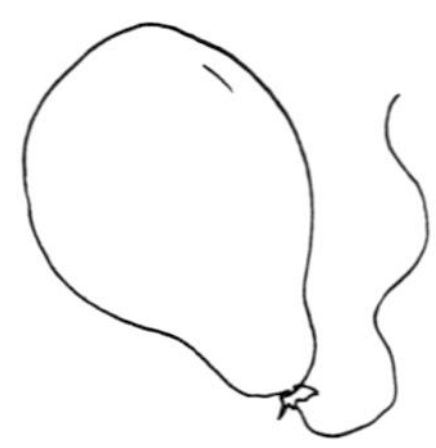

KV15 Eine adressatenbezogene E-Mail schreiben (Formvorlage)

Senden

An …

Betreff:

16. Methode: Ein Steckbrief-Rätsel schreiben

Kompetenzerwartungen:

- einen Steckbrief als Planungshilfe nutzen
- selbst einen Steckbrief erstellen
- das Rätsel als Textform erkennen
- ein Rätsel selbst schreiben

Material:

- K16
- KV16 Zuordnen
- KV16 Tipps
- KV16 Steckbrief
- KV16 Rätsel

Vorbereitung und Einsatz:

- Kopieren und laminieren Sie die K16.
- Kopieren sie die KV16 Zuordnen, die KV16 Tipps, die KV16 Steckbrief und die KV16 Rätsel im Klassensatz.
- Die Schüler markieren die Steckbriefe und die dazugehörigen Rätsel in der gleichen Farbe. Sie erstellen einen eigenen Steckbrief und wählen dabei passende Informationen aus. Mithilfe des Steckbriefs schreiben sie ein eigenes Rätsel.

K16 Ein Steckbrief-Rätsel schreiben

Aufgabe:

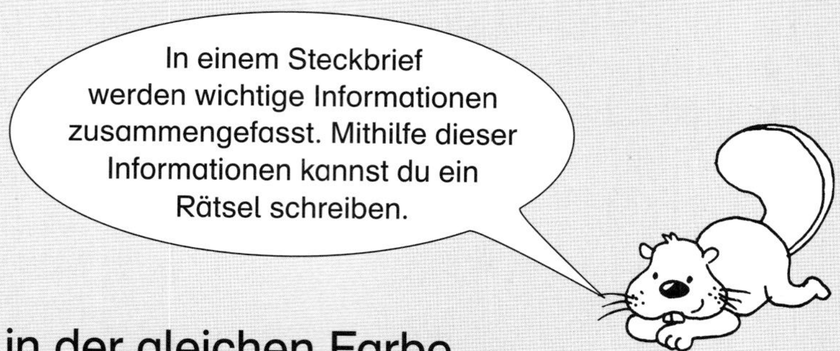

1. Markiere die zusammengehörigen Steckbriefe und Rätsel in der gleichen Farbe.
2. Erstelle einen eigenen Steckbrief zu einer Person. Überlege zuerst, welche Informationen dafür wichtig sind.
3. Schreibe nun ein Rätsel zu dieser Person. Beschriebe jede Information aus dem Steckbrief in einem Satz. Beginne mit der unwichtigsten Information.

Nutze den Steckbrief eines Mitschülers und schreibe dazu ein Rätsel.

KV16 Ein Steckbrief-Rätsel schreiben (Zuordnen)

Steckbrief 1
- kann jung oder älter sein
- trägt sehr auffällige, bunte Kleidung
- kann viele Kunststücke
- kann komisch und witzig spielen

Steckbrief 2
- trägt meistens ein kariertes Hemd und Stiefel
- jung, geschickt und stark
- kann gut reiten
- kann mit einem Lasso umgehen und Tiere einfangen

Steckbrief 3
- muss Tag und Nacht einsatzbereit sein
- trägt einen Schutzanzug und einen Helm
- ist kräftig, schnell, sportlich und mutig

Rätsel 1
Die gesuchte Person reitet meistens auf einem Pferd und trägt einen Hut. Sie hat meistens einen Revolver und ein Lasso dabei und kümmert sich um Tiere. Viele Kinder verkleiden sich im Fasching so.

Rätsel 2
Diese gesuchte Person hat einen sehr gefährlichen Beruf. Oft muss sie mit anderen Kollegen Leute retten. Beim Einsatz trägt sie einen Helm. Auf ihrem Auto befindet sich meistens eine Leiter.

Rätsel 3
Die gesuchte Person ist immer lustig, arbeitet oft in einem großen Zelt und bringt die Zuschauer zum Lachen. Manchmal hat die Person auch einen Freund dabei.

KV16 Ein Steckbrief-Rätsel schreiben (Tipps)

Diese Informationen können bei deinem Steckbrief wichtig sein:

Geschlecht – Größe – Alter – Augenfarbe – Haarfarbe – Sprache
besondere Merkmale – Hobbies – Beruf – besondere Eigenschaften

KV16 Ein Steckbrief-Rätsel schreiben (Steckbrief)

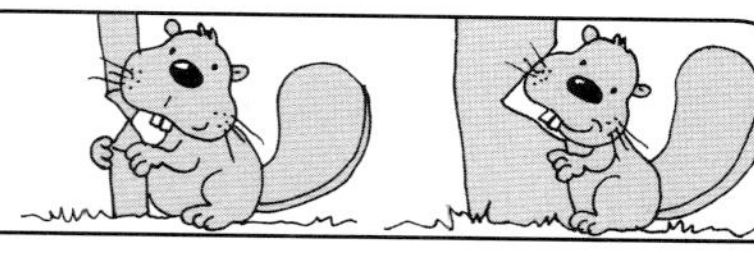

Meine Person: ______________________________

- ______________________________
- ______________________________
- ______________________________
- ______________________________
- ______________________________
- ______________________________
- ______________________________
- ______________________________

KV16 Ein Steckbrief-Rätsel schreiben (Rätsel)

Mein Rätsel

Die gesuchte Person …

17. Methode: Einen informierenden Text schreiben

Kompetenzerwartungen:

- eine Informationssammlung erstellen
- informierende Texte (Berichte) vollständig und in der richtigen Reihenfolge aufbauen
- eine sachliche Sprache nutzen

Material:

- K17
- KV17 Zeugenaussagen
- KV17 Berichtbogen

Vorbereitung und Einsatz:

- Kopieren und laminieren Sie die K17.
- Kopieren Sie die KV17 Zeugenaussagen und die KV17 Berichtbogen im Klassensatz.
- Die Schüler ordnen die Informationen der Zeugenaussagen den W-Fragen zu. Sie halten diese im Berichtbogen fest. Anschließend formulieren die Schüler einen Bericht in einer sachlichen Sprache und nutzen dafür die gesammelten Informationen aus dem Berichtbogen.

K17 Einen informierenden Text schreiben

Aufgabe:

In einem Bericht müssen die W-Fragen **Wann?**, **Wo?**, **Was?**, **Wer?**, **Wie?** und **Welche Folgen?** geklärt werden.

1. Lies die Zeugenaussagen.
2. Unterstreiche die Schlüsselwörter zu den W-Fragen in der entsprechenden Farbe.
3. Übertrage die Informationen in den Berichtbogen.
4. Schreibe einen Bericht. Beantworte dabei alle W-Fragen.

Überlege dir einen eigenen Vorfall, zu dem man Zeugen befragen und einen Bericht schreiben kann. Schreibe die Zeugenaussagen. Kann dein Partner alle W-Fragen beantworten und dazu einen Bericht schreiben?

KV17 Einen informierenden Text schreiben (Zeugenaussagen)

Heute ist der 30. Mai 2014. Ich stehe nun an der Kreuzung Blumenstraße/Waldweg in Biberbach. Dort wurde heute um 14 Uhr der schöne Sonnentag durch einen Unfall getrübt.

Ich wollte geradeaus fahren. Dieses Auto ist nach rechts abgebogen und hat mich nicht gesehen.

Ich konnte den Jungen mit dem Fahrrad nicht sehen. Er war wohl im toten Winkel.

Der Radfahrer war sehr schnell. Kein Wunder, dass ihn der Autofahrer nicht gesehen hat.

Das Auto ist nach rechts abgebogen. Der Junge ist an die Seitentüre geknallt.

Das Fahrrad ist ja völlig kaputt!.

Du hast Glück gehabt. Der Arm ist zwar wahrscheinlich gebrochen, aber sonst hast du nur ein paar Schürfwunden.

Der Schaden am Auto beträgt 2000 Euro.

KV17 Einen informierenden Text schreiben (Zeugenaussagen)

Das Fahrrad ist ja völlig kaputt!.

Ich wollte geradeaus fahren. Dieses Auto ist nach rechts abgebogen und hat mich nicht gesehen.

Du hast Glück gehabt. Der Arm ist zwar wahrscheinlich gebrochen, aber sonst hast du nur ein paar Schürfwunden.

Heute ist der 30. Mai 2014. Ich stehe nun an der Kreuzung Blumenstraße/Waldweg in Biberbach. Dort wurde heute um 14 Uhr der schöne Sonnentag durch einen Unfall getrübt.

Der Schaden am Auto beträgt 2000 Euro.

Ich konnte den Jungen mit dem Fahrrad nicht sehen. Er war wohl im toten Winkel.

Das Auto ist nach rechts abgebogen. Der Junge ist an die Seitentüre geknallt.

Der Radfahrer war sehr schnell. Kein Wunder, dass ihn der Autofahrer nicht gesehen hat.

KV17 Einen informierenden Text schreiben (Berichtbogen)

Berichtbogen	
Wann? (blau)	
Wo? (grün)	
Was? (lila)	
Wer war beteiligt? (gelb)	
Wie ist es passiert? (rot)	
Welche Folgen gibt es? (orange)	

So kannst du den Bericht beginnen:

Am 30. Mai 2014 ereignete sich um 14 Uhr ...

18. Methode: Einen Vorgang beschreiben

Kompetenzerwartungen:

- beschreibende Texte verfassen
- die Reihenfolge in einem vorgangsbeschreibenden Text beachten
- ein Rezept aufbauen können
- das Rezept als schriftliche Textform erkennen

Material:

- K18
- KV18

Vorbereitung und Einsatz:

- Kopieren und laminieren Sie die K18.
- Kopieren Sie die KV18 im Klassensatz.
- Die Schüler verfassen mithilfe der Bilderfolge ein Rezept. Dabei achten sie auf die richtige Reihenfolge.

K18 Einen Vorgang beschreiben

Aufgabe:

1. Beschrifte die Materialien.
2. Schreibe zu jedem Bild einen Satz.
   Verwende dabei passende Reihenfolgewörter und achte auf die richtige Reihenfolge.

Schreibe zu deinem Lieblingsgericht ein Rezept. Achte dabei besonders auf die richtige Reihenfolge und verwende passende Reihenfolgewörter.

KV18 Einen Vorgang beschreiben

Leckeres Pfannkuchenrezept

Du benötigst ...

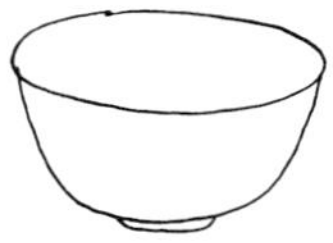

eine Rührschüssel

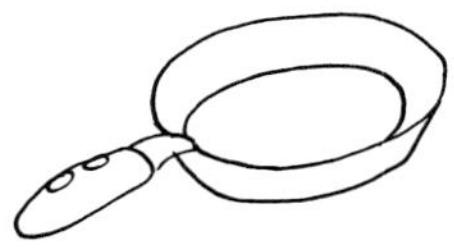

Milch – Handmixer – Herd – Öl – Rührschüssel – Mehl Pfannenwender – Pfanne – Tasse – Schöpflöffel – Eier

① 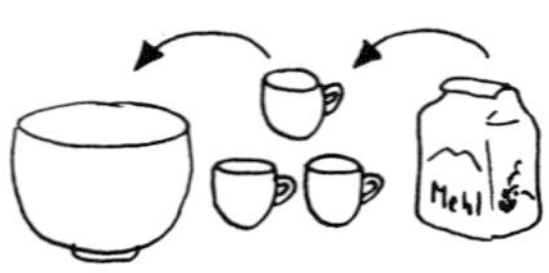

② 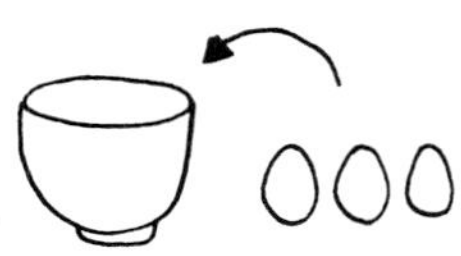

③ 

④ 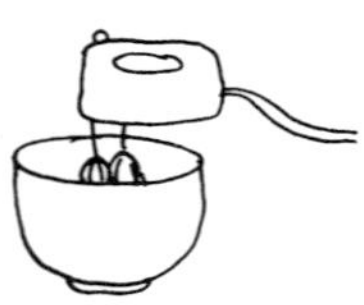

⑤ 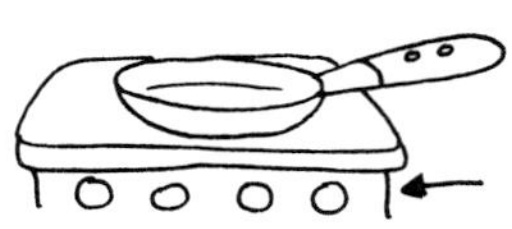

⑥ 

⑦ 

⑧ 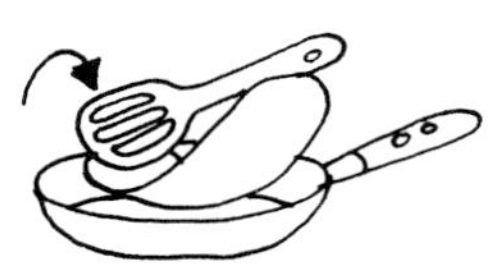

⑨ 

So kannst du das Rezept beginnen:

Zuerst schüttest du ...

Hier sind einige Reihenfolgewörter:

Im nächsten Schritt – Jetzt – Zuerst – Nun – Als Nächstes Dann – Endlich – Daraufhin – Anschließend

KV18 Einen Vorgang beschreiben

Leckeres Pfannkuchenrezept

Du benötigst ...

eine Rührschüssel

Milch – Handmixer – Herd – Öl – Rührschüssel – Mehl
Pfannenwender – Pfanne – Tasse – Schöpflöffel – Eier

So kannst du das Rezept beginnen:

Zuerst schüttest du ...

Hier sind einige Reihenfolgewörter:

Im nächsten Schritt – Jetzt – Zuerst – Nun – Als Nächstes
Dann – Endlich – Daraufhin – Anschließend

19. Methode: Eine Einleitung schreiben

Kompetenzerwartungen:

- eigene erzählende Texte sinnvoll aufbauen
- eine Einleitung mit den wichtigen Informationen knapp formulieren

Material:

- K19
- KV19 Textausschnitte
- KV19 Würfelkarten
- Würfel

Vorbereitung und Einsatz:

- Kopieren und laminieren Sie die K19.
- Kopieren Sie die KV19 Textausschnitte im Klassensatz.
- Kopieren, laminieren und zerschneiden Sie die KV19 Würfelkarten.
- Die Schüler untersuchen die Textausschnitte hinsichtlich der Kriterien einer Einleitung und beantworten die W-Fragen in Stichpunkten.
- In der Anwendung erwürfeln die Schüler die drei W-Fragen und schreiben dazu Einleitungen.

K19 Eine Einleitung schreiben

Aufgabe:

1. Lies die Textausschnitte. Handelt es sich dabei um Einleitungen?
2. Beantworte die Fragen **Wer?**, **Wann?** und **Wo?** in Stichpunkten.

Nehmt euch eine Würfelkarte zu jeder der drei Fragen und einen Würfel. Würfelt je ein Mal für **Wer?**, **Wann?** und **Wo?** und schreibt so mehrere Einleitungen.

KV19 Eine Einleitung schreiben (Textausschnitte)

1. Es war einmal vor nicht allzu langer Zeit, da gab es ein fliegendes Auto. Es lebte zusammen mit seiner Autofamilie in einem Parkhaus.

2. Auf einem weit entfernten Planeten lebt der Weltraumaffe Lulu. Er wohnt dort schon seit vielen Jahren in einem alten Bananenkarton.

3. Einmal in der Woche gehen Mia und ihre Mama in den Supermarkt zum Einkaufen. Schon seit Tagen freut sich Mia darauf.

4. Der fröhliche Frosch Fridolin hat sich seit dem Winteranfang ganz tief in den Seeboden eingegraben. Er wartet schon auf die ersten Sonnenstrahlen im Frühling.

5. Hansi spielt jeden Tag mit seinen Freunden hinter dem Haus Fußball.

6. Wie an jedem Schultag gingen die Kinder der Familie Dreieck gemeinsam zu Fuß in die Schule.

	Einleitung		Wer?	Wann?	Wo?
	ja	nein			
1.					
2.					
3.					
4.					
5.					
6.					

KV19 Eine Einleitung schreiben (Textausschnitte)

1. Es war einmal vor nicht allzu langer Zeit, da gab es ein fliegendes Auto. Es lebte zusammen mit seiner Autofamilie in einem Parkhaus.

2. Auf einem weit entfernten Planeten lebt der Weltraumaffe Lulu. Er wohnt dort schon seit vielen Jahren in einem alten Bananenkarton.

3. Einmal in der Woche gehen Mia und ihre Mama in den Supermarkt zum Einkaufen. Schon seit Tagen freut sich Mia darauf.

4. Der fröhliche Frosch Fridolin hat sich seit dem Winteranfang ganz tief in den Seeboden eingegraben. Er wartet schon auf die ersten Sonnenstrahlen im Frühling.

5. Hansi spielt jeden Tag mit seinen Freunden hinter dem Haus Fußball.

6. Wie an jedem Schultag gingen die Kinder der Familie Dreieck gemeinsam zu Fuß in die Schule.

	Einleitung		Wer?	Wann?	Wo?
	ja	nein			
1.					
2.					
3.					
4.					
5.					
6.					

KV19 Eine Einleitung schreiben (Würfelkarten)

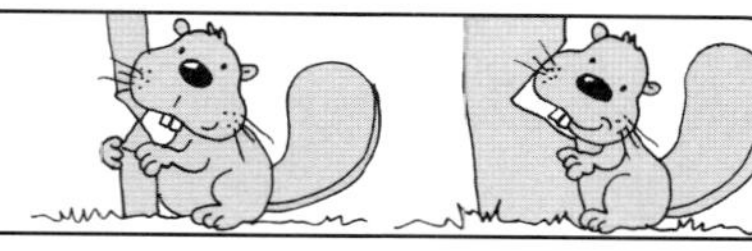

Wer?	Wo?	Wann?
1. Ein Geist	1. Im Wald	1. Heute
2. Ein Vampir	2. Im Keller	2. Im Winter
3. Eine Hexe	3. In der Schule	3. Vor langer Zeit
4. Ein Drache	4. In einem Schloss	4. Jeden Morgen
5. Ein Wolf	5. In einem fernen Land	5. Letztes Wochenende
6. Ein Monster	6. Auf dem Friedhof	6. Im Mittelalter

Wer?	Wo?	Wann?
1. Ein Geist	1. Im Wald	1. Heute
2. Ein Vampir	2. Im Keller	2. Im Winter
3. Eine Hexe	3. In der Schule	3. Vor langer Zeit
4. Ein Drache	4. In einem Schloss	4. Jeden Morgen
5. Ein Wolf	5. In einem fernen Land	5. Letztes Wochenende
6. Ein Monster	6. Auf dem Friedhof	6. Im Mittelalter

Wer?	Wo?	Wann?
1. Ein Geist	1. Im Wald	1. Heute
2. Ein Vampir	2. Im Keller	2. Im Winter
3. Eine Hexe	3. In der Schule	3. Vor langer Zeit
4. Ein Drache	4. In einem Schloss	4. Jeden Morgen
5. Ein Wolf	5. In einem fernen Land	5. Letztes Wochenende
6. Ein Monster	6. Auf dem Friedhof	6. Im Mittelalter

Wer?	Wo?	Wann?
1. Ein Geist	1. Im Wald	1. Heute
2. Ein Vampir	2. Im Keller	2. Im Winter
3. Eine Hexe	3. In der Schule	3. Vor langer Zeit
4. Ein Drache	4. In einem Schloss	4. Jeden Morgen
5. Ein Wolf	5. In einem fernen Land	5. Letztes Wochenende
6. Ein Monster	6. Auf dem Friedhof	6. Im Mittelalter

Wer?	Wo?	Wann?
1. Ein Geist	1. Im Wald	1. Heute
2. Ein Vampir	2. Im Keller	2. Im Winter
3. Eine Hexe	3. In der Schule	3. Vor langer Zeit
4. Ein Drache	4. In einem Schloss	4. Jeden Morgen
5. Ein Wolf	5. In einem fernen Land	5. Letztes Wochenende
6. Ein Monster	6. Auf dem Friedhof	6. Im Mittelalter

20. Methode: Einen Schluss finden

Kompetenzerwartungen:

- den Aufbau von Texten und Textteilen erkennen
- eigene Texte sinnvoll aufbauen
- einen Schluss erkennen und selbst den Ausgang eines erzählenden Textes schreiben

Material:

- K20
- KV20

Vorbereitung und Einsatz:

- Kopieren und laminieren Sie die K20.
- Kopieren Sie die KV20 im Klassensatz.
- Die Schüler finden den passenden Schluss zu den Bildern. Sie schreiben ein alternatives Ende zu einem der Bilder.

K20 Einen Schluss finden

Aufgabe:

1. Verbinde die Bilder mit dem zugehörigen Schluss.
2. Besprecht, woran ihr den Schluss der Erzählung erkannt habt.
3. Wählt eines der Bilder aus. Wie hätte die Erzählung noch enden können? Schreibt einen eigenen Schluss.

Überlege dir eine eigene Erzählung. Male ein Bild dazu. Dein Partner erfindet den Schluss.

KV20 Einen Schluss finden

Peter lachte noch immer über seinen Streich, als die Kinder erleichtert die Treppe hinunterstiegen.

Mit so einem großen Schatz hatte niemand gerechnet. Alle Seeleute kehrten als reiche Männer nach Hause zurück.

Die befreite Prinzessin war so glücklich, dass sie ihren Retter heiratete. Gemeinsam lebten sie glücklich bis an das Ende ihrer Tage.

KV20 Einen Schluss finden

Peter lachte noch immer über seinen Streich, als die Kinder erleichtert die Treppe hinunterstiegen.

Mit so einem großen Schatz hatte niemand gerechnet. Alle Seeleute kehrten als reiche Männer nach Hause zurück.

Zum Glück war bei dem Unfall nichts passiert. Nur das Fahrrad hatte ein paar Kratzer abbekommen.

Die befreite Prinzessin war so glücklich, dass sie ihren Retter heiratete. Gemeinsam lebten sie glücklich bis an das Ende ihrer Tage.

21. Methode: Erzählende Texte zu Bildern schreiben

Kompetenzerwartungen:

- einen eigenen erzählenden Text zu einem Bild schreiben
- einen eigenen erzählenden Text mithilfe eines Schreibplans sinnvoll aufbauen
- Ideen für einen erzählenden Text entwickeln und mithilfe eines Clusters sammeln

Material:

- K21
- KV7 Cluster
- KV11 Schreibplan
- KV11 Tipps
- KV21

Vorbereitung und Einsatz:

- Kopieren und laminieren Sie die K21.
- Kopieren Sie die KV7 Cluster, die KV11 Schreibplan, die KV11 Tipps und die KV21 im Klassensatz.
- Die Schüler versetzen sich in die Bildsituation hinein, sammeln so Ideen und nutzen diese zum Schreiben eines erzählenden Textes.
- In der Anwendung schreiben die Schüler erzählende Texte zu anderen Bildern. Dazu kann KV11 Postkarten verwendet werden.

K21 Erzählende Texte zu Bildern schreiben

Aufgabe:

1. Betrachte das Bild und überlege dir dazu eine Geschichte.
2. Sammle deine Ideen in einem Cluster.
3. Ordne deine Ideen im Schreibplan.
4. Überlege dir, was die Personen auf dem Bild denken und sagen. Schreibe es auf.
5. Schreibe nun die ganze Geschichte auf.

Schreibe eine Geschichten zu einem anderen Bild.

KV21 Erzählende Texte zu Bildern schreiben

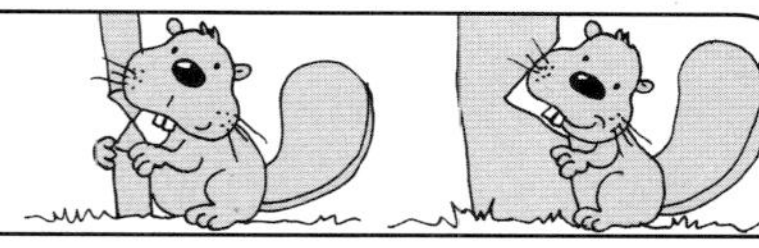

22. Methode: Erzählende Texte ergänzen

Kompetenzerwartungen:

- zu vorgegebenen Textteilen schreiben
- eigene erzählende Texte sinnvoll aufbauen
- erzählende Texte lebendig, wirkungsvoll und anschaulich durch den gezielten Einsatz passender sprachlicher Mittel gestalten
- Textteile durch eigene passende Ideen ergänzen und zu einem vollständigen Text zusammenfügen

Material:

- K22
- KV11 Schreibplan
- KV11 Tipps
- KV22

Vorbereitung und Einsatz:

- Kopieren und laminieren Sie die K22.
- Kopieren Sie die KV11 Schreibplan, die KV11 Tipps und die KV22 im Klassensatz.
- Die Schüler finden heraus, welche Teile der Texte fehlen. Sie wählen einen Teil und schreiben mithilfe der KV11 Schreibplan den dazu fehlenden Teil.

K22 Erzählende Texte ergänzen

Aufgabe:

1. Teile der Erzählung sind verschwunden. Lies dir die Reste der Erzählungen durch.
2. Fehlt die Einleitung, ein Teil vom Hauptteil oder der Schluss?
3. Wähle den Rest einer Erzählung aus. Trage im Schreibplan alle Informationen ein, die du in diesem Rest bekommst.
4. Überlege dir, was im verlorenen Teil passiert sein könnte, und schreibe ihn auf.

Wählt den Rest einer anderen Erzählung aus. Füllt für ihn den Schreibplan aus und schreibt gemeinsam den fehlenden Teil.

KV22 Erzählende Texte ergänzen

Peter ging schon seit drei Jahren in die Schule. Er hatte viele Freunde, mit denen er in jeder Pause auf dem Schulhof Ball spielte. An diesem Tag spielten sie wieder Ball. Peter war heute Torwart. Er stand direkt vor dem großen Fenster, als sein Freund zum Schuss ausholte.

Es gab einen lauten Knall. Das Fahrrad donnerte gegen den Baum. Ich konnte gerade noch rechtzeitig abspringen. Zum Glück ging nichts kaputt und niemand verletzte sich. Ich nahm mir vor: In Zukunft werde ich viel vorsichtiger sein.

Da sprang das Monster aus dem Schrank. Sabine war sehr erleichtert, als sie sah, dass es nur ihre alte Katze war. Erleichtert rannte sie aus dem Keller und in die Küche zu ihrer Mama. Von diesem Tag an machte Sabine jedes Mal das Licht an, wenn sie in den Keller ging.

Es war einmal ein kleines Mädchen. Es lebte alleine mit seiner Großmutter in einer großen Villa am Stadtrand. In der Villa durfte das Mädchen überall hingehen. Nur das Betreten des Dachbodens war verboten. Als die Großmutter eines Tages beim Einkaufen war, ging das Mädchen heimlich hinauf. Es öffnete die Türe. Plötzlich passierte es.

KV22 Erzählende Texte ergänzen

Peter ging schon seit drei Jahren in die Schule. Er hatte viele Freunde, mit denen er in jeder Pause auf dem Schulhof Ball spielte. An diesem Tag spielten sie wieder Ball. Peter war heute Torwart. Er stand direkt vor dem großen Fenster, als sein Freund zum Schuss ausholte.

Es gab einen lauten Knall. Das Fahrrad donnerte gegen den Baum. Ich konnte gerade noch rechtzeitig abspringen. Zum Glück ging nichts kaputt und niemand verletzte sich. Ich nahm mir vor: In Zukunft werde ich viel vorsichtiger sein.

Da sprang das Monster aus dem Schrank. Sabine war sehr erleichtert, als sie sah, dass es nur ihre alte Katze war. Erleichtert rannte sie aus dem Keller und in die Küche zu ihrer Mama. Von diesem Tag an machte Sabine jedes Mal das Licht an, wenn sie in den Keller ging.

Es war einmal ein kleines Mädchen. Es lebte alleine mit seiner Großmutter in einer großen Villa am Stadtrand. In der Villa durfte das Mädchen überall hingehen. Nur das Betreten des Dachbodens war verboten. Als die Großmutter eines Tages beim Einkaufen war, ging das Mädchen heimlich hinauf. Es öffnete die Türe. Plötzlich passierte es.

23. Methode: Eine Reihum-Erzählung schreiben

Kompetenzerwartungen:

- passende Textteile in einer Reihum-Erzählung schreiben
- erzählende Texte weiterschreiben

Material:

- K23
- KV23
- KV19 Würfelkarten
- Würfel

Vorbereitung und Einsatz:

- Kopieren und laminieren Sie die K23.
- Kopieren Sie die KV23 (vergrößert auf DIN A3) im Klassensatz.
- Kopieren, laminieren und zerschneiden Sie die KV19 Würfelkarten.
- Die Schüler schreiben in der Gruppe eine Reihum-Erzählung.
- In der Anwendung werden mithilfe der KV19 Würfelkarten weitere Reihum-Erzählungen geschrieben.

K23 Eine Reihum-Erzählung schreiben

Aufgabe:

1. Jeder Schreibpartner schreibt eine Einleitung und gibt sein Blatt an das Kind rechts von sich weiter.
2. Lies dir die Einleitung deines Partners durch und schreibe dazu einen passenden Hauptteil. Gib dann das Blatt an das Kind rechts von dir weiter.
3. Lies dir die bisherige Erzählung durch und schreibe dazu einen passenden Schluss.
4. Lest einander die Erzählungen vor. Passen die Teile gut zusammen?

Nehmt euch eine Würfelkarte zu jeder der drei Fragen und einen Würfel. Würfelt je ein Mal für **Wer?**, **Wann?** und **Wo?**. Schreibt zu der entstandenen Einleitung eine Reihum-Erzählung.

K23 Eine Reihum-Erzählung schreiben

Einleitung	Hauptteil	Schluss
Wer? Wann? Wo?	Wo genau? Was wird gemacht? Was geschieht? Höhepunkt	Lösung/Ergebnis

K23 Eine Reihum-Erzählung schreiben

Einleitung	Hauptteil	Schluss

24. Methode: Argumente formulieren

Kompetenzerwartungen:

- Gründe und Beispiele zu einer Position sammeln und ordnen
- Textvorbilder beim Schreiben argumentierender Texte nutzen
- den eigenen Standpunkt darlegen

Material:

- K24
- KV24 Streitfragen
- KV24 Tipps

Vorbereitung und Einsatz:

- Kopieren und laminieren Sie die K24.
- Kopieren Sie die KV24 Streitfragen und die KV24 Tipps im Klassensatz.
- Die Schüler formulieren Argumente verschiedener Standpunkte zu einem Thema. Sie finden eigene Argumente und begründen diese.
- Eine gemeinsame Reflexion von Argumenten ist sinnvoll, um die Notwendigkeit von nachvollziehbaren und eindeutigen Begründungen herauszustellen.

K24 Argumente formulieren

Aufgabe:

1. Sieh dir die Streitfragen und die Meinungen der Kinder an.
2. Schreibe jede Meinung als begründetes Argument auf.
3. Schreibe zum Schluss deine eigene Meinung zum Thema als begründetes Argument auf.

Überlege dir eine eigene Streitfrage. Sammle Argumente und schreibe sie mit Begründung auf. Vergleiche und besprich sie mit deinem Partner.

KV24 Argumente formulieren (Streitfragen)

Fußball in der großen Pause – Ja oder nein?

Ein eigenes Handy – Ja oder nein?

Ein Vogel als Haustier – Ja oder nein?

KV24 Argumente formulieren (Streitfragen)

Fußball in der großen Pause – Ja oder nein?

Ein eigenes Handy – Ja oder nein?

Ein Vogel als Haustier – Ja oder nein?

KV24 Argumente formulieren (Tipps)

Beispiel: Ein Fernseher im Kinderzimmer – Ja oder nein?

So begründest du deine Meinung:

Ich möchte einen Fernseher in meinem Kinderzimmer, **weil** ich dann nicht mehr mit meinen Geschwistern über die Auswahl des Fernsehprogramms streite.

Ich möchte keinen Fernseher in meinem Kinderzimmer, **weil** ich dann nur noch den ganzen Tag fernsehe.

25. Methode: Eigene Reimsätze schreiben

Kompetenzerwartungen:

- Merkmale von Gedichten kennen und erkennen
- Reimwörter und Satzteile als Bausteine für ein eigenes Gedicht sammeln
- Reimsätze verfassen
- ein eigenes Gedicht verfassen

Material:

- K25
- KV25 Reimpaare
- KV25 Satzpaare

Vorbereitung und Einsatz:

- Kopieren und laminieren Sie die K25.
- Kopieren Sie die KV25 Reimpaare und die KV25 Satzpaare im Klassensatz.
- Die Schüler sammeln zunächst Reimwörter und setzen anschließend eigene Reimsätze zusammen.

K25 Eigene Reimsätze schreiben

Aufgabe:

1. Nimm dir ein Reimpaar aus der Reime-Kiste oder denke dir ein eigenes Reimpaar aus.
2. Wähle ein Satzpaar aus.
3. Bilde aus dem Reimpaar und dem Satzpaar Reimsätze.
   So bildest du Reimsätze:

Reimpaar		Satzpaar		Reimsatz
Nase – Vase	+	Hast du … Kriegst du …	→	Hast du eine große Nase. Kriegst du dafür eine Vase.

4. Vergleiche deine Reimsätze mit deinem Partner.

Bilde eigene Satzpaare und schreibe ein Spaßgedicht mit lustigen Reimsätzen.

KV25 Eigene Reimsätze schreiben (Reimpaare)

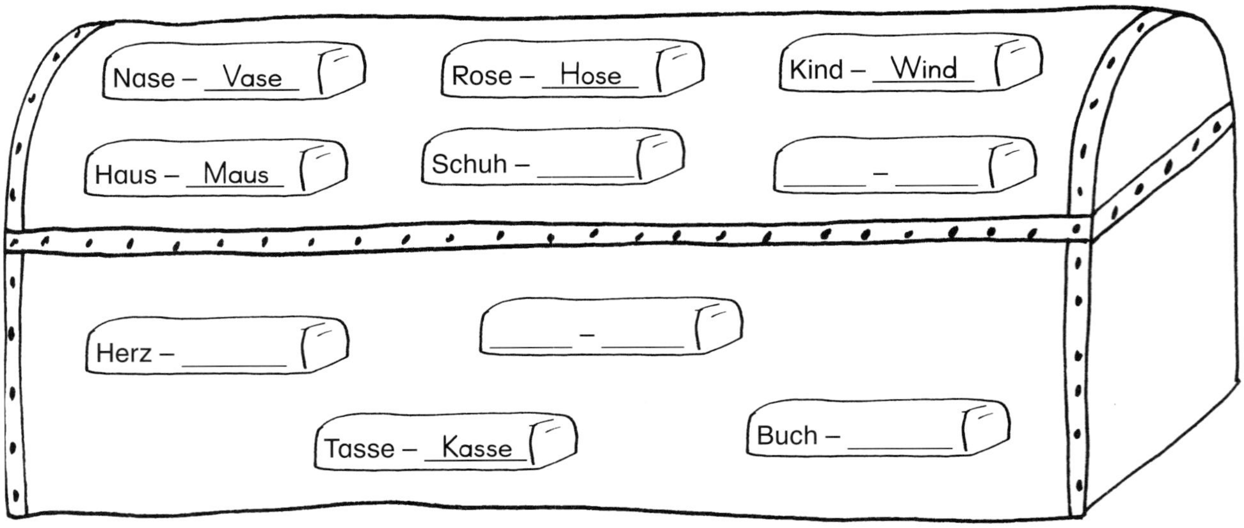

KV25 Eigene Reimsätze schreiben (Reimpaare)

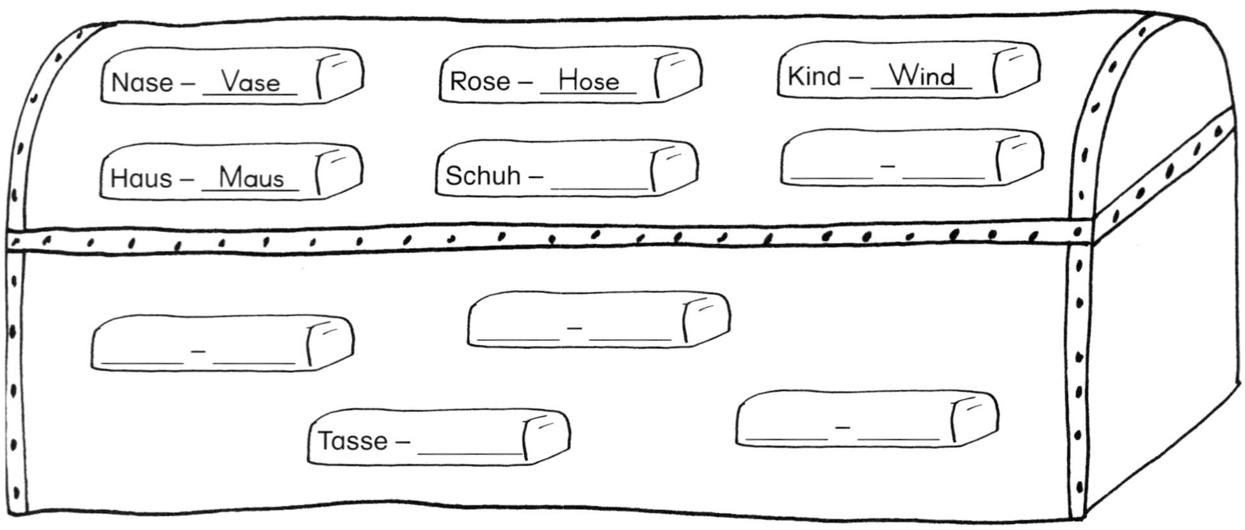

KV25 Eigene Reimsätze schreiben (Satzpaare)

Hast du … Kriegst du …	Wer morgens … Hat abends …	Will man … Soll man …	Warst du … Wirst du …	Wer lange … Bekommt davon …
Darf man … Kann man …	Suchst du … Findest du …	Trägt man … Fühlt man …	Warst du … Wirst du …	Wer lange … Bekommt davon …

26. Methode: Konkrete Gedichte gestalten

Kompetenzerwartungen:

- Schrift zweckmäßig einsetzen
- Texte mit verschiedenen Schriften und Schreibwerkzeugen gestalten
- konkrete Gedichte schreiben und gestalten

Material:

- K26
- KV26 Formenkarten
- KV26 Tipps
- Computer (wenn möglich)

Vorbereitung und Einsatz:

- Kopieren und laminieren Sie die K26.
- Kopieren Sie die KV26 Formenkarten (vergrößert auf DIN A3) und die KV26 Tipps im Klassensatz.
- Die Schüler erstellen mithilfe der Formenkarten ein konkretes Gedicht. Der gestalterische Hauptaspekt liegt in der Schriftvariation.
- Diese Gedichtform eignet sich besonders gut zum Gestalten von Texten am Computer.

K26 Konkrete Gedichte gestalten

Aufgabe:

1. Suche dir eine Formenkarte aus.
2. Überlege dir lange und kurze Wörter, die zu dieser Form passen.
3. Schreibe jedes Wort auf eine Zeile. Verwende dafür passende Schriftarten und Farben.

Überlege dir eigene Formen und Wörter. Gestalte ein konkretes Gedicht mit verschiedenen Schriftarten und Farben.

KV26 Konkrete Gedichte gestalten (Formenkarten)

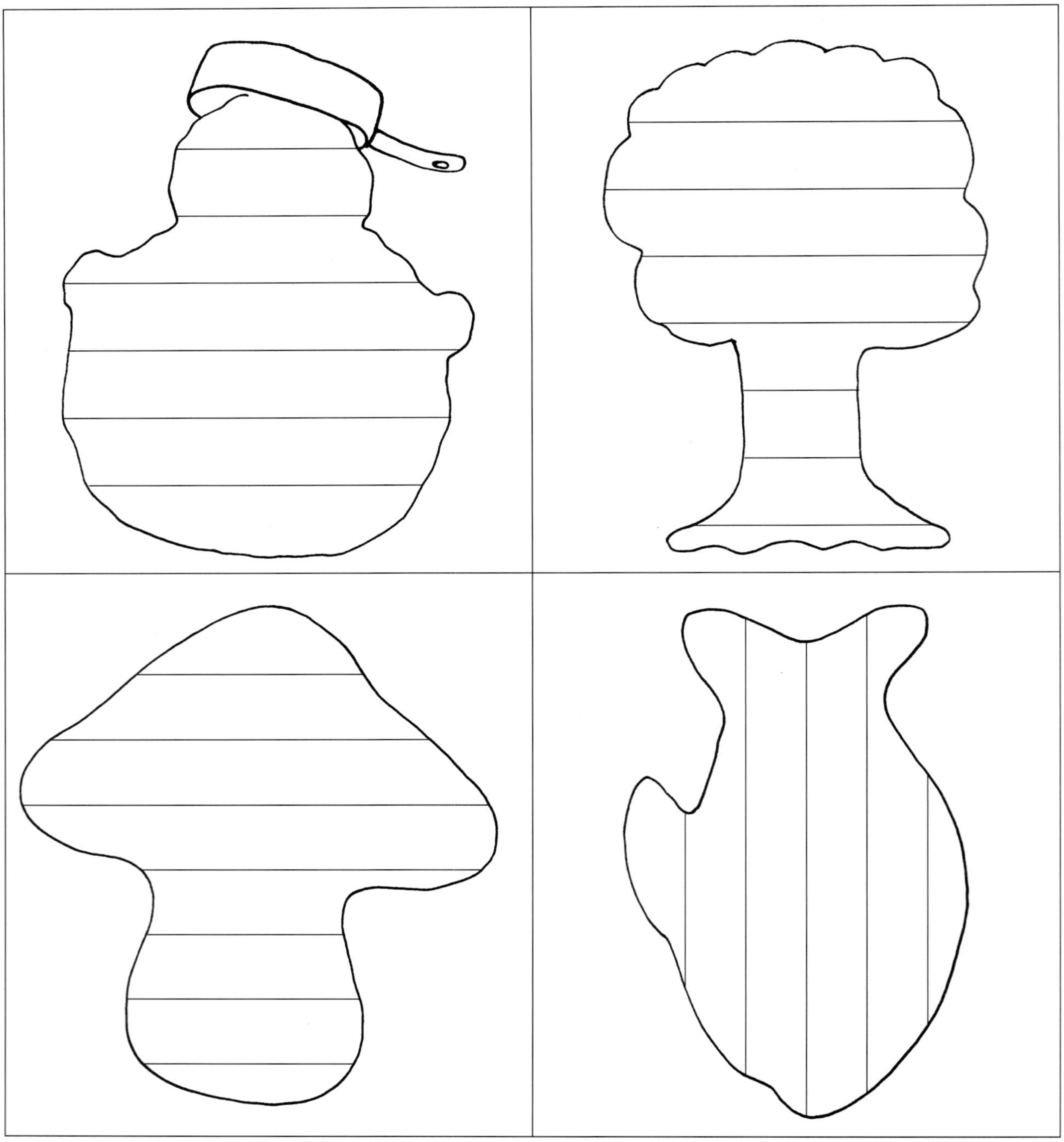

KV26 Konkrete Gedichte gestalten (Tipps)

Hier wurden schon einige lange und kurze Wörter für die Formenkarten gesammelt:

Laub – Glitzerschuppe – Schneeflocke – Wald – Vogelnest – Meer
Schal – Herbst – Hut –Pilzsuppe – Baumkrone – Fisch – Schneemann
Fliegenpilz – Blatt– Regenbogenfisch

27. Methode: Passende Satzzeichen ergänzen

Kompetenzerwartungen:

- Texte hinsichtlich der Zeichensetzung überarbeiten
- Satzzeichen entsprechend der Textbedeutung ergänzen
- Satzzeichen und deren Bedeutung erkennen

Material:

- K27
- KV27 Text
- KV27 Tipps
- KV27 Sätze

Vorbereitung und Einsatz:

- Kopieren und laminieren Sie die K27.
- Kopieren Sie die KV27 Text, die KV27 Tipps und die KV27 Sätze im Klassensatz.
- Die Schüler ergänzen die passenden Satzzeichen im Text. Sie formulieren mithilfe der Bilder Sätze, die zu den Satzzeichen passen, und erkennen so, dass die Bedeutung eines Satzes durch das Satzzeichen beeinflusst werden kann.

K27 Passende Satzzeichen ergänzen

Aufgabe:

1. Ergänze die fehlenden Satzzeichen (**.**, **!** oder **?**) sinnvoll im Text.
2. Schreibe mithilfe der Bilder je einen Satz, der zu den Satzzeichen passt.

Findet weitere Sätze, bei denen die Satzzeichen die Bedeutung beeinflussen.

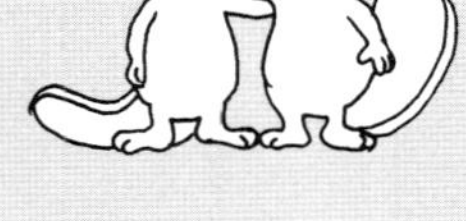

KV27 Passende Satzzeichen ergänzen (Text)

Was wäre unsere Welt ohne Feuer__ Es gäbe keine Heizungen__
Wir könnten nicht einmal kochen__
Lasse ein Feuer niemals aus den Augen__ Jeder weiß, dass es gefährlich wäre__ Wer kennt die Nachrichten über Hausbrände nicht__ Jedes Jahr gibt es zahlreiche Wohnungsbrände__ Vor allem zur Weihnachtszeit wird die Feuerwehr oft gerufen__
Vorsicht mit offenen Flammen__ Das steht auf vielen Streichholzschachteln__ Streichhölzer sind kein Spielzeug__
Hast du dir schon einmal die Finger verbrannt__ Fasse die Herdplatte nicht an__ Sie ist heiß__ Bestimmt hat deine Mutter dir das schon oft gesagt__
Aber Feuer ist eben nicht nur gefährlich, sondern auch sehr nützlich__
Oder könntest du dir eine Welt ohne Feuer vorstellen__

KV27 Passende Satzzeichen ergänzen (Tipps)

So findest du heraus, ob am Ende eines Satzes ein Punkt, ein Fragezeichen oder ein Ausrufezeichen stehen muss:

Wird im Satz etwas **erklärt** oder **beschrieben**?
→ Setze einen Punkt.

Ich räume meine Schuhe auf.

Wird im Satz eine **Frage gestellt**?
→ Setze ein **Fragezeichen**.

Räumst du deine Schuhe auf?

Wird im Satz etwas **befohlen**, **besonders betont** oder **ausgerufen**?
→ Setze ein **Ausrufezeichen**.

Räume deine Schuhe auf!

KV27 Passende Satzzeichen ergänzen (Sätze)

.
?
!

Hausaufgaben machen

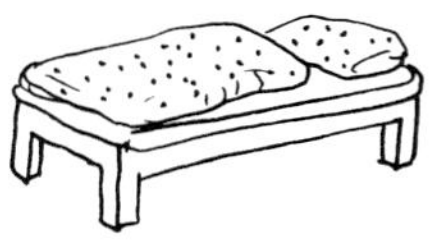

.
?
!

Ins Bett gehen

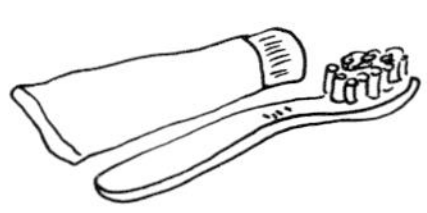

.
?
!

Zähne putzen

KV27 Passende Satzzeichen ergänzen (Sätze)

.
?
!

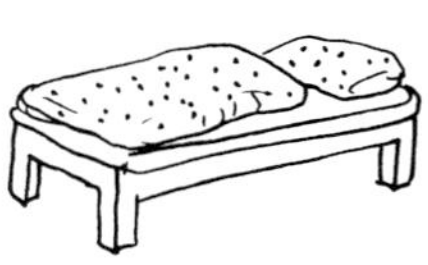

.
?
!

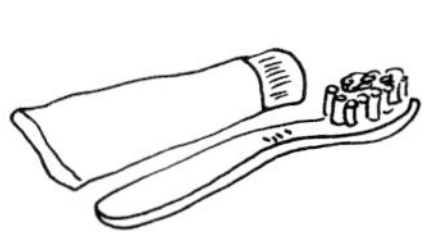

.
?
!

28. Methode: Überschriften finden

Kompetenzerwartungen:

- Zweck von Überschriften wissen
- passende Überschriften zu unterschiedlichen Textarten finden

Material:

- K28
- KV28

Vorbereitung und Einsatz:

- Kopieren und laminieren Sie die K28.
- Kopieren Sie die KV28 im Klassensatz.
- Die Schüler finden zu den Bildern passende Überschriften für verschiedene Textarten. Anschließend überlegen sie sich passende Überschriften für verschiedene Textteile.

K28 Überschriften finden

Aufgabe:

1. Finde für die verschiedenen Textarten passende Überschriften zu den Bildern.
2. Überlege dir passende Überschriften zu den Textteilen.

Male ein Bild. Überlege dir Überschriften für verschiedene Textarten, die du zu diesem Bild schreiben könntest.

KV28 Überschriften finden

Erlebniserzählung
Zeitungsbericht
Fantasiegeschichte

Biber dank Fallschirm gerettet
Mein erster Fallschirmsprung
Der Biber, der Pilot werden wollte

Anleitung
Erlebniserzählung
Zeitungsbericht

Biber Paul gewinnt Autorennen
Unser Ausflug an die Rennstrecke
So fährt man ein Autorennen

Gedicht
Sachtext
Fantasiegeschichte

Ein nächtliches Abenteuer
Warum Schlaf so wichtig ist
Ein Traum

____

Der Wohnbau einer Biberfamilie kann sehr unterschiedlich aussehen. An steilen und stabilen Uferböschungen graben die Tiere mit ihren kräftigen Vorderpfoten eine unterirdische Höhle.

____

Am Morgen geht sie langsam auf,
und steigt dann hoch zum Himmel
rauf.Sie leuchtet und sie strahlt sehr
hell, und wärmt dabei das Biberfell.

____

Es war einmal ein junger Biber. Der lebte in einem fernen Land, in einem großen Palast.

____

Um eine Biberburg zu bauen, benötigen Sie als Erstes eine Menge Holz. Fällen Sie dazu zunächst etwa acht Bäume und lösen Sie mit Ihren Schneidezähnen die Rinde von den Stämmen ab.

____

Am vergangenen Freitag wurde gegen 18 Uhr nahe der Landstraße ein Baum gefällt.

KV28 Überschriften finden

Erlebniserzählung
Zeitungsbericht
Fantasiegeschichte

Anleitung
Erlebniserzählung
Zeitungsbericht

Gedicht
Sachtext
Fantasiegeschichte

Der Wohnbau einer Biberfamilie kann sehr unterschiedlich aussehen. An steilen und stabilen Uferböschungen graben die Tiere mit ihren kräftigen Vorderpfoten eine unterirdische Höhle.

Am Morgen geht sie langsam auf, und steigt dann hoch zum Himmel rauf.Sie leuchtet und sie strahlt sehr hell, und wärmt dabei das Biberfell.

Es war einmal ein junger Biber. Der lebte in einem fernen Land, in einem großen Palast.

Um eine Biberburg zu bauen, benötigen Sie als Erstes eine Menge Holz. Fällen Sie dazu zunächst etwa acht Bäume und lösen Sie mit Ihren Schneidezähnen die Rinde von den Stämmen ab.

Am vergangenen Freitag wurde gegen 18 Uhr nahe der Landstraße ein Baum gefällt.

29. Methode: Satzanfänge überarbeiten

Kompetenzerwartungen:

- unterschiedliche Satzanfänge kennen
- Satzanfänge abwechslungsreich und passend überarbeiten

Material:

- K29
- KV29
- KV10 Reihenfolgewörter

Vorbereitung und Einsatz:

- Kopieren und laminieren Sie die K29.
- Kopieren Sie die KV29 und die KV10 Reihenfolgewörter im Klassensatz.
- Die Schüler lesen den Text, streichen die unpassenden Satzanfänge durch und ersetzen diese.
- Die KV10 Reihenfolgewörter kann als Hilfestellung verwendet werden

K29 Satzanfänge überarbeiten

Aufgabe:

1. Lies den Text und streiche langweilige Satzanfänge durch.
2. Überlege dir neue, abwechslungsreiche Satzanfänge und schreibe sie in die Zeile darüber.
3. Überarbeite so alle Satzanfänge im Text.

Schreibe den Text mit abwechslungsreichen Satzanfängen ab.

KV29 Satzanfänge überarbeiten

Am Ersten Ferientag fuhren wir mit dem Auto in die Berge. **Dann** kamen wir auf dem Ferienbauernhof an. **Dann** erzählte mir der Gastwirt von der alten Hexenhütte im Wald. **Dann** wurde es Nacht. **Dann** ging ich zu der alten Hütte im Wald. **Dann** näherte ich mich der alten Tür. **Dann** öffnete ich sie. **Dann** knarrte die Tür laut. **Dann** betrat ich den dunklen Raum. **Dann** schlug die Tür hinter mir zu. **Dann** mussten sich meine Augen an die Dunkelheit gewöhnen. **Dann** sah ich das Monster in der Ecke.

Dann machte ich das Licht an. **Dann** sah ich, dass es nur eine alte Katze war.

KV29 Satzanfänge überarbeiten

Am Ersten Ferientag fuhren wir mit dem Auto in die Berge. Dann kamen wir auf dem Ferienbauernhof an. Dann erzählte mir der Gastwirt von der alten Hexenhütte im Wald. Dann wurde es Nacht. Dann ging ich zu der alten Hütte im Wald. Dann näherte ich mich der alten Tür. Dann öffnete ich sie. Dann knarrte die Tür laut. Dann betrat ich den dunklen Raum. Dann schlug die Tür hinter mir zu. Dann mussten sich meine Augen an die Dunkelheit gewöhnen. Dann sah ich das Monster in der Ecke.

Dann machte ich das Licht an. Dann sah ich, dass es nur eine alte Katze war.

30. Methode: Wörtliche Reden einbauen

Kompetenzerwartungen:

- wörtliche Reden kennen und einsetzen
- wörtliche Reden mit Begleitsatz und Redesatz nutzen
- Texte durch wörtliche Reden aufwerten

Material:

- K30
- KV30 Text
- KV30 Gespräch
- KV13 sagen

Vorbereitung und Einsatz:

- Kopieren und laminieren Sie die K30.
- Kopieren Sie die KV30 Text und die KV30 Gespräch im Klassensatz.
- Die Schüler überlegen zunächst, welche Textteile sie in eine wörtliche Rede umformulieren können. Sie unterstreichen die entsprechenden Satzteile farbig. Anschließend schreiben sie den Text als Gespräch mit wörtlichen Reden ab.
- In der Anwendung spielen die Schüler das Gespräch in verteilten Rollen nach.
- Die KV13 sagen kann als Hilfestellung verwendet werden.

K30 Wörtliche Reden einbauen

Begleitsatz: Mama verlangt:

Redesatz: „Räume dein Zimmer auf!“

Wörtliche Reden bestehen aus Begleitsatz und Redesatz. Der Redesatz steht in „Anführungszeichen“.

Aufgabe:

1. Überlege, wie du den Text in wörtliche Reden umformen kannst.
2. Unterstreiche in Grün, welche Satzteile du als Begleitsatz nutzen willst.
3. Unterstreiche in Orange, welche Satzteile du als Redesatz nutzen willst.
4. Schreibe den Text als Gespräch mit Begleitsätzen und Redesätzen auf.

Spielt das Gespräch in verteilten Rollen nach.

KV30 Wörtliche Reden einbauen (Text)

Unterrichtsende in der Klasse 3b

Der Lehrer **fordert** die Kinder **auf**, ihre Hausaufgabenhefte herauszunehmen.

Die Kinder **bitten** den Lehrer, ihnen nicht so viele Hausaufgaben aufzugeben.

Sie **meinen**, dass heute das Wetter viel zu schön ist, um Hausaufgaben zu machen.

Der Lehrer **antwortet**, dass sie in Mathe noch etwas üben müssen. Er **sagt**, sie sollen das Mathebuch aufschlagen. Dann **erklärt** er ihnen, dass sie die ersten vier Aufgaben als Hausaufgaben haben. Lisa **fragt**, ob sie alle Nummern machen müssen. Der Lehrer **antwortet**, dass die Nummern Drei und Vier für die Rechenprofis sind. Einige Jungs **meinen**, dass sie dann lieber doch keine Profis werden wollen.

KV30 Wörtliche Reden einbauen (Text)

Unterrichtsende in der Klasse 3b

Der Lehrer fordert die Kinder auf, ihre Hausaufgabenhefte herauszunehmen.

Die Kinder bitten den Lehrer, ihnen nicht so viele Hausaufgaben aufzugeben.

Sie meinen, dass heute das Wetter viel zu schön ist, um Hausaufgaben zu machen.

Der Lehrer antwortet, dass sie in Mathe noch etwas üben müssen. Er sagt, sie sollen das Mathebuch aufschlagen. Dann erklärt er ihnen, dass sie die ersten vier Aufgaben als Hausaufgaben haben. Lisa fragt, ob sie alle Nummern machen müssen. Der Lehrer antwortet, dass die Nummern Drei und Vier für die Rechenprofis sind. Einige Jungs meinen, dass sie dann lieber doch keine Profis werden wollen.

KV30 Wörtliche Reden einbauen (Gespräch)

Begleitsatz: ____________________

Redesatz: ____________________

Begleitsatz: ____________________

Redesatz: ____________________

Begleitsatz: ____________________

Redesatz: ____________________

Begleitsatz: ____________________

Redesatz: ____________________

Begleitsatz: ____________________

Redesatz: ____________________

KV30 Wörtliche Reden einbauen (Gespräch)

Begleitsatz: ____________________

Redesatz: ____________________

Begleitsatz: ____________________

Redesatz: ____________________

Begleitsatz: ____________________

Redesatz: ____________________

Begleitsatz: ____________________

Redesatz: ____________________

Begleitsatz: ____________________

Redesatz: ____________________

31. Methode: Treffende Adjektive finden

Kompetenzerwartungen:

- Texte durch den gezielten Einsatz passender sprachlicher Mittel lebendig und wirkungsvoll gestalten
- abwechslungsreiches Wortmaterial nutzen
- eigene Texte hinsichtlich der inhaltlichen und sprachlichen Wirkung überarbeiten

Material:

- K31
- KV31 Tabelle
- KV31 Lückentext

Vorbereitung und Einsatz:

- Kopieren und laminieren Sie die K31.
- Kopieren Sie die KV31 Tabelle und die KV31 Lückentext im Klassensatz.
- Die Schüler ordnen Adjektive in einer Tabelle verschiedenen Kategorien zu. Anschließend setzen sie Adjektive in den Lückentext ein. Dabei nehmen sie die Tabelle zu Hilfe.
- In der Anwendung vergleichen die Schüler ihren Text mit ihrem Partner und werden sich dabei der Wirkung von Adjektiven bewusst.
- Die Tabelle kann als Gedächtnisstütze beim Schreiben von Texten verwendet werden.

K31 Treffende Adjektive finden

Aufgabe:

1. Finde zu den vier Kategorien passende Adjektive und trage sie in der Tabelle ein.
2. Füge treffende Adjektive im Lückentext ein. Die Adjektive aus der Tabelle können dir dabei helfen.

Vergleiche deinen Text mit dem deines Partners. Habt ihr unterschiedliche Adjektive verwendet? Wie verändert sich die Wirkung eurer Texte durch die unterschiedlichen Adjektive?

KV31 Treffende Adjektive finden (Tabelle)

Wetter	Essen	Personen	Tiere

stürmisch – lecker – regnerisch – gesund – windig – zottelig
jung – aufregend – süß – kalt – sauer – müde – trocken – fruchtig
träge – lustig – schlau – komisch – schmackhaft – zahm – alt – wild
verrückt – sonnig – riesig – heiß – deftig – interessant

KV31 Treffende Adjektive finden (Tabelle)

Wetter	Essen	Personen	Tiere

KV31 Treffende Adjektive finden (Lückentext)

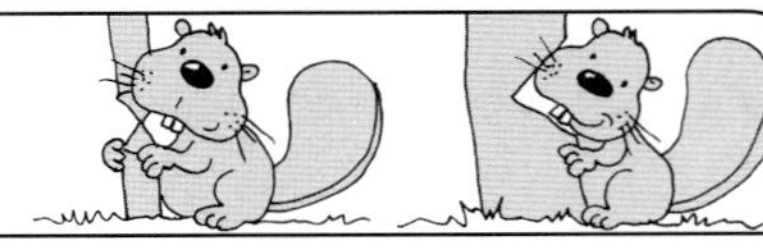

Der Zoobesuch

Am letzten Schultag besucht der _______________ Max mit seiner _______________ Klasse den Zoo. Er ist schon gespannt auf die vielen _______________ Tiere. Es ist _______________ Wetter. Zuerst muss die _______________ Lehrerin den Eintritt an der Kasse bezahlen. Dann starten die Kinder bei den _______________ Affen. Der _______________ Tierpfleger füttert gerade die _______________ Affenbande. Das ist ein Riesenspaß. Die Lehrerin ärgert sich, weil sie den Regenschirm mitgenommen hat. Sie wusste ja nicht, ob _______________ oder _______________ Wetter ist. Nach den _______________ Affen geht es weiter zu den _______________ Elefanten. Auf dem Weg treffen sie noch einige _______________ Zebras und _______________ Nashörner. Max ist sehr beeindruckt von den _______________ Tieren. Die _______________ Elefanten dösen gerade in der _______________ Mittagssonne. Plötzlich bekommt der _______________ Max Hunger. Es ist Zeit für eine Pause. Im Restaurant duftet es nach _______________ Essen. Max bestellt sich einen _______________ Saft und eine _______________ Pizza. Gestärkt wandern die Schüler weiter durch den Zoo und bewundern alle _______________ Tiere. Manchmal ist es aber auch lustig, die _______________ Personen vor den Käfigen zu beobachten.

32. Methode: Fehler finden und verbessern

Kompetenzerwartungen:

- Texte rechtschriftlich nach Fehlerschwerpunkten überarbeiten
- Beratung und Hilfestellungen zum selbstständigen Finden und Verbessern von Fehlern nutzen

Material:

- K32
- KV32 Fehlerfinder
- KV32 Fehlertext
- KV32 Lösung

Vorbereitung und Einsatz:

- Kopieren und laminieren Sie die K32.
- Kopieren, laminieren und zerschneiden Sie die KV32 Fehlerfinder.
- Kopieren Sie die KV32 Fehlertext und die KV32 Lösung im Klassensatz.
- Die Schüler stellen zunächst eigene Fehlerfinder her. Sie ergänzen eigene Korrekturzeichen. Anschließend werden die Fehlerfinder von Ihnen laminiert.
- Mithilfe des Fehlertextes üben die Schüler den Einsatz des Fehlerfinders. In der LRS-Förderung hat es sich bewährt, die Schüler den Text von hinten nach vorne lesen zu lassen, um eine genaue Betrachtung der einzelnen Wörter zu erleichtern. Dabei dürfen aber die Großschreibung am Satzanfang sowie der Kontext nicht aus dem Blick geraten.

K32 Fehler finden und verbessern

Aufgabe:

1. Gestalte deinen Fehlerfinder, füge eigene Korrekturzeichen ein und lasse ihn von deiner Lehrkraft laminieren.
2. Lies den Fehlertext aufmerksam durch.
3. Nutze den Fehlerfinder und kontrolliere jedes einzelne Wort.
4. Markiere Fehler mit dem richtigen Korrekturzeichen.
5. Schreibe den Text verbessert ab.

Nutze den Fehlerfinder, um deine eigenen Texte zu verbessern.

KV32 Fehler finden und verbessern (Fehlerfinder)

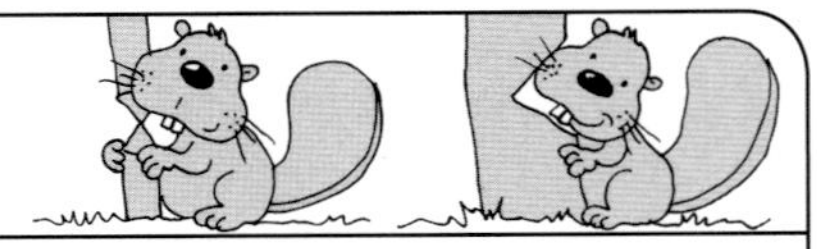

Fehlerfinder von

____

Wichtige Korrekturzeichen:

↑ Das wird großgeschrieben

⊥ Hier fehlt ein Buchstabe.

∼ Das stimmt so nicht.

Meine eigenen Korrekturzeichen:

Fehlerfinder von

____

Wichtige Korrekturzeichen:

↑ Das wird großgeschrieben

⊥ Hier fehlt ein Buchstabe.

∼ Das stimmt so nicht.

Meine eigenen Korrekturzeichen:

Fehlerfinder von

____

Wichtige Korrekturzeichen:

↑ Das wird großgeschrieben

⊥ Hier fehlt ein Buchstabe.

∼ Das stimmt so nicht.

Meine eigenen Korrekturzeichen:

Fehlerfinder von

____

Wichtige Korrekturzeichen:

↑ Das wird großgeschrieben

⊥ Hier fehlt ein Buchstabe.

∼ Das stimmt so nicht.

Meine eigenen Korrekturzeichen:

KV32 Fehler finden und verbessern (Fehlertext)

Zwei Beume überlegn, op sie liber zusamen ein liet forsingen wolen oder miteinader Fusball schpielen solen.

die Autos sizten im Gaten, esen eine Piezza und spilen karten.

Zwei Rucksäke haben Urlaup. Sie gehn miteinanader spatzieren und froien sich, das sie entlich einmahl nichz schläppen müsen.

KV32 Fehler finden und verbessern (Fehlertext)

Zwei Beume überlegn, op sie liber zusamen ein liet forsingen wolen oder miteinader Fusball schpielen solen.

die Autos sizten im Gaten, esen eine Piezza und spilen karten.

Zwei Rucksäke haben Urlaup. Sie gehn miteinanader spatzieren und froien sich, das sie entlich einmahl nichz schläppen müsen.

KV32 Fehler finden und verbessern (Lösung)

Zwei Bäume überlegen, ob sie lieber zusammen ein Lied vorsingen wollen oder miteinander Fußball spielen sollen.

Die Autos sitzen im Garten, essen eine Pizza und spielen Karten.

Zwei Rucksäcke haben Urlaub. Sie gehen miteinander spazieren und freuen sich, dass sie endlich einmal nichts schleppen müssen.

33. Methode: Eine Schreibkonferenz durchführen

Kompetenzerwartungen:

- Texte nach gegebenen Kriterien überarbeiten
- Hilfen zur selbstständigen Reflexion und Überarbeitung von Schreibprodukten nutzen

Material:

- K33
- KV33

Vorbereitung und Einsatz:

- Kopieren und laminieren Sie die K33.
- Kopieren Sie die KV33 im Klassensatz.
- Die Schüler wählen einen eigenen Text aus und tauschen sich darüber in der Schreibkonferenz mit den anderen Gruppenmitgliedern aus. Dazu nutzen sie den Fahrplan für die Schreibkonferenz. Anschließend überarbeiten sie ihren Text.
- Der Einsatz der KV32 Fehlerfinder und der KV34 können diese Übung sinnvoll ergänzen.

K33 Eine Schreibkonferenz durchführen

Aufgabe:

1. Wähle einen von dir geschriebenen Text aus und stelle ihn der Schreibkonferenz vor.
2. Besprecht den Text. Geht dabei so vor, wie es auf dem Fahrplan für die Schreibkonferenz beschrieben ist.
3. Haltet eure Ergebnisse schriftlich fest.
4. Überarbeite deinen Text.

Überarbeite weitere deiner Texte in der Schreibkonferenz.

KV33 Eine Schreibkonferenz durchführen

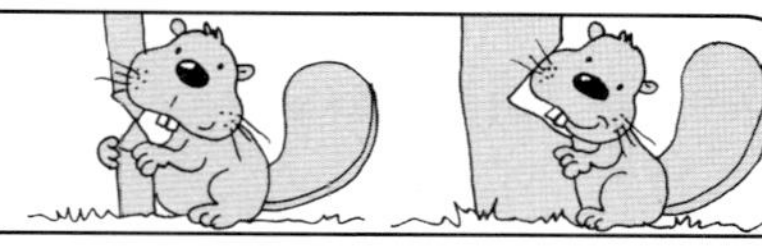

Fahrplan für die Schreibkonferenz

Z Zuhör-Runde

Der Autor liest seinen Text vor.
Die Schreibkonferenz hört zu.

V Verständnis-Runde

Beantwortet folgende Fragen:
- Versteht man den Inhalt gut?
- Sind alle Wörter verständlich?

A Aufbau-Runde

Beantwortet folgende Fragen:
- Sind alle Textteile enthalten (Einleitung, Hauptteil, Schluss)?
- Gibt es eine passende Überschrift?
- Werden die W-Fragen geklärt?
- Ist der Höhepunkt klar erkennbar?
- Rundet der Schluss den Text ab?

S Sprach-Runde

Beantwortet folgende Fragen:
- Sind die Satzanfänge abwechslungsreich?
- Werden treffende Adjektive verwendet?
- Wird die richtige Erzählzeit verwendet?

R Rechtschreib-Runde

- Überprüft und markiert die Rechtschreibfehler im Text.

Die Schreibkonferenz hält ihre Ergebnisse schriftlich fest.
Der Autor überarbeitet seinen Text.

34. Methode: Texte mit dem Schreibtagebuch überarbeiten

Kompetenzerwartungen:

- Texte nach gegebenen Kriterien überarbeiten
- Hilfen zur selbstständigen Reflexion und Überarbeitung von Schreibprodukten nutzen
- selbstständig Schreibziele finden und formulieren
- eigene Fortschritte im Schreibprozess reflektieren

Material:

- K34
- KV34

Vorbereitung und Einsatz:

- Kopieren und laminieren Sie die K34.
- Kopieren Sie die KV34 im Klassensatz. Wählen Sie dabei die Textart, die Ihre Schüler benötigen.
- Die Schüler kontrollieren ihren Text selbstständig mithilfe des Schreibtagebuchs.
- Das Schreibtagebuch kann sowohl in Einzelarbeit als auch in Form einer Schreibkonferenz (33. Methode) genutzt werden. Zudem können eigene Kriterien in der Blanko-Vorlage ergänzt werden.

K34 Texte mit dem Schreibtagebuch überarbeiten

Aufgabe:

1. Wähle einen von dir geschriebenen Text aus und lies ihn aufmerksam durch.
2. Lege ein neues Blatt in deinem Schreibtagebuch an und fülle es aus.
3. Markiere im Text die Stellen, an denn du etwas verbessern möchtest.
4. Trage im Schreibtagebuch ein, wie dir die einzelnen Punkte gelungen sind:
   ☺ = Das ist mir schon gut gelungen.
   😐 = Hier kann ich etwas verbessern.
   ☹ = Das muss ich unbedingt verbessern.
5. Überlege dir, was du bei deinem nächsten Text besser machen willst und schreibe dein Schreibziel auf.

Überarbeite weitere deiner Texte mithilfe des Schreibtagebuchs.

KV34 Texte mit dem Schreibtagebuch überarbeiten (Erzählung)

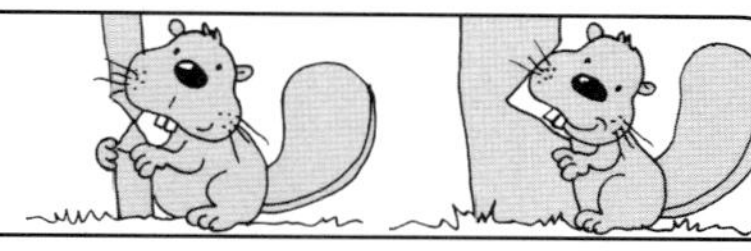

Schreibtagebuch „Erzählung“

Titel: ______________________________ Datum: ______________

V Verständnis

•	Man versteht den Inhalt gut.	☺	😐	☹
•	Alle Wörter sind verständlich.	☺	😐	☹

A Aufbau

•	Alle Textteile sind vorhanden (Einleitung, Hauptteil, Schluss).	☺	😐	☹
•	Die Überschrift ist treffend.	☺	😐	☹
•	Die W-Fragen werden geklärt.	☺	😐	☹
•	Die Reihenfolge ist sinnvoll.	☺	😐	☹
•	Der Höhepunkt ist klar erkennbar.	☺	😐	☹
•	Der Schluss rundet die Geschichte ab.	☺	😐	☹
•	Die Geschichte enthält Gedanken und Gefühle.	☺	😐	☹
•	Die Geschichte ist spannend.	☺	😐	☹

S Sprache

•	Die Satzanfänge sind abwechslungsreich.	☺	😐	☹
•	Die Adjektive sind treffend.	☺	😐	☹
•	Die Erzählzeit ist passend.	☺	😐	☹
•	Die Satzzeichen sind sinnvoll.	☺	😐	☹
•	Es gibt wörtliche Reden.	☺	😐	☹

R Rechtschreibung

Ich möchte vor allem auf diese Rechtschreibfehler achten:

____

Mein nächstes Schreibziel

Darauf möchte ich bei meiner nächsten Erzählung besonders achten:

____

KV34 Texte mit dem Schreibtagebuch überarbeiten (Bericht)

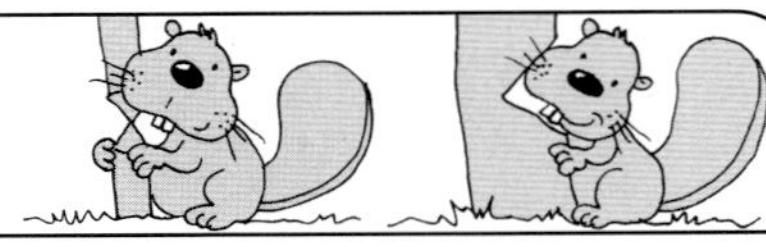

Schreibtagebuch „Bericht“

Titel: ______________________ Datum: ____________

Verständnis

•	Man versteht den Inhalt gut.	☺	😐	☹
•	Alle Wörter sind verständlich.	☺	😐	☹

Aufbau

•	Alle Textteile sind vorhanden (Einleitung, Hauptteil, Schluss).	☺	😐	☹
•	Die Überschrift ist treffend.	☺	😐	☹
•	Die W-Fragen werden geklärt.	☺	😐	☹
•	Die Reihenfolge ist sinnvoll.	☺	😐	☹
•	Der Schluss rundet die Geschichte ab.	☺	😐	☹

Sprache

•	Die Satzanfänge sind abwechslungsreich.	☺	😐	☹
•	Die Adjektive sind treffend.	☺	😐	☹
•	Die Erzählzeit ist passend.	☺	😐	☹
•	Die Satzzeichen sind sinnvoll.	☺	😐	☹
•	Es gibt wörtliche Reden.	☺	😐	☹

Rechtschreibung

Ich möchte vor allem auf diese Rechtschreibfehler achten:

____

Mein nächstes Schreibziel

Darauf möchte ich bei meinem nächsten Bericht besonders achten:

____

KV34 Texte mit dem Schreibtagebuch überarbeiten (Blanko-Vorlage)

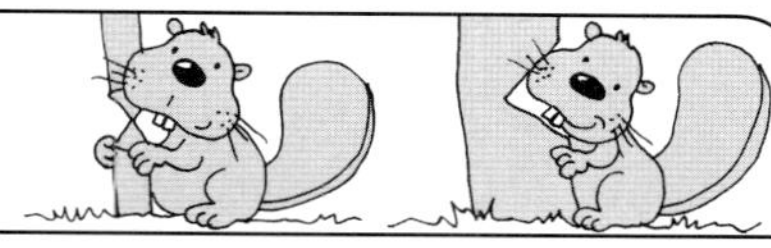

Schreibtagebuch ______________________

Titel: ______________________ Datum: __________

Verständnis

•		☺	😐	☹
•		☺	😐	☹

Aufbau

•		☺	😐	☹
•		☺	😐	☹
•		☺	😐	☹
•		☺	😐	☹
•		☺	😐	☹

Sprache

•		☺	😐	☹
•		☺	😐	☹
•		☺	😐	☹
•		☺	😐	☹
•		☺	😐	☹

Rechtschreibung

Ich möchte vor allem auf diese Rechtschreibfehler achten:

____

Mein nächstes Schreibziel

Darauf möchte ich bei meinem nächsten Bericht besonders achten:

____

Strategiepass

		☺	😐	☹
Kompetenzbaustein 1: Über Schreibfertigkeiten verfügen	1. Ich kann ordentlich auf unterschiedlichen Lineaturen schreiben.			
	2. Ich kann Texte mit verschiedenen Schriftarten und Farben ansprechend gestalten.			
	3. Ich kann Texte mit geeignetem Schreibwerkzeug und in der richtigen Form schreiben.			
	4. Ich kann meine eigene Schrift mit dem Schrift-Check überprüfen.			
	5. Ich kann meine eigenen Hefte mit dem Hefte-Check überprüfen.			
Kompetenzbaustein 2: Texte planen	6. Ich kann in einer Pro-und-Kontra-Liste Gründe einander gegenüberstellen und so eine Entscheidung treffen.			
	7. Ich kann meine Ideen zu einem Thema in einem Cluster sammeln und ordnen.			
	8. Ich kann Informationen in einer Tabelle übersichtlich darstellen.			
	9. Ich kann anhand von Sprache und Wortwahl die Textart erkennen.			
	10. Ich kann anhand von Zeitangaben und Reihenfolgewörtern den Handlungsverlauf einer Geschichte erkennen.			
	11. Ich kann einen Schreibplan für eine Erzählung erstellen.			
	12. Ich kann Erzählungen in der richtigen Reihenfolge mit Einleitung, Hauptteil und Schluss aufbauen.			
	13. Ich kann Wortfelder anlegen und sie sinnvoll nutzen.			
	14. Ich kann wörtliche Reden mit Redesatz und Begleitsatz formulieren.			
Kompetenzbaustein 3: Texte schreiben	15. Ich kann E-Mails adressatenbezogen schreiben.			
	16. Ich kann Steckbriefe und Rätsel schreiben.			
	17. Ich kann mithilfe der W-Fragen einen Bericht schreiben.			
	18. Ich kann einen Vorgang in der richtigen Reihenfolge beschreiben.			
	19. Ich kann mithilfe der W-Fragen eine Einleitung schreiben.			
	20. Ich kann einen Schluss schreiben, der die Erzählung abrundet.			
	21. Ich kann eine Erzählung zu einem Bild schreiben, mich dabei in die Situation hineinversetzen und die Erzählung sinnvoll aufbauen.			
	22. Ich kann fehlende Teile einer Erzählung ergänzen, sodass Einleitung, Hauptteil und Schluss gut zusammenpassen.			
	23. Ich kann mit meinen Mitschülern eine Reihum-Erzählung schreiben, bei der Einleitung, Hauptteil und Schluss gut zusammenpassen.			
	24. Ich kann Argumente verständlich und nachvollziehbar formulieren.			
	25. Ich kann Wörter finden, die sich reimen und mit diesen Reimsätze schreiben.			
	26. Ich kann konkrete Gedichte mit verschiedenen Schriftarten ansprechend gestalten.			
Kompetenzbaustein 4: Texte überarbeiten	27. Ich kann passende Satzzeichen verwenden und mit Satzzeichen die Bedeutung eines Satzes verstärken oder verändern.			
	28. Ich kann je nach Textart eine passende Überschrift finden.			
	29. Ich kann abwechslungsreiche Satzanfänge formulieren.			
	30. Ich kann wörtliche Reden sinnvoll in einen Text einbauen.			
	31. Ich kann treffende Adjektive finden.			
	32. Ich kann Fehler finden und verbessern.			
	33. Ich kann mithilfe der Schreibkonferenz meinen Text überarbeiten und meinen Mitschülern hilfreiche Tipps geben.			
	34. Ich kann mithilfe des Schreibtagebuchs meinen Text überarbeiten.			